やる気のコツ

アドラーが教える9つの勇気

植西 聰

自由国民社

まえがき

「やらなければならないことが山のようにあるのに、どうもやる気が出ない」

「『やってやるぞ』という力がわいてこない」

「体が疲れているわけではないけど、心が疲れきっている」

「仕事も私生活もマンネリになって、何をするにも新鮮味が感じられない」

「生きる喜びもない。楽しみもない。惰性《だせい》で生きているような感じだ」


そんな声をよく聞きます。

忙しい仕事、複雑な人間関係、変化の激しい生活環境、日常的なストレスやイライラのために、心が疲れきっているのです。

そのために、やる気が出ないのです。


しかし、すべての人がやる気を失っているわけではありません。

意欲的に自分の可能性に挑戦し、仕事でもプライベートでも精力的に活動している人たちは少なからずいるのも事実です。

その人たちの「やる気」はどこから生まれてくるのでしょうか。


それを研究していくと、気づかされることも多いのです。


第一に、やる気に満ちた人は、意識の持ち方が違います。

物事への取り組み方が違います。

また、みずからやる気を導き出すために、様々な工夫をしています。

本書では、そのようなやる気に満ちた人に特徴的な意識の持ち方、物事への取り組み方といったものを数多くまとめてみました。

読者の方々にも、参考にできる点がたくさんあると信じています。


なお、本書では、オーストリアの精神科医であり心理学者だった**アルフレッド・アドラー**（19～20世紀）の教えや考え方を多く紹介しています。

アドラーはちょうどフロイトやユングと同時代の人ですが、フロイトやユングに比べると日本での知名度はそれほどありませんでした。

しかし、最近になって、アドラーの教えや考え方が、「アドラー心理学」（「個人心理学」）として注目を浴びています。

とくに「やる気を高める」ということを考える上では非常に参考になるのです。

アドラー心理学の特徴的な教えや考え方のいくつかを、ここに並べておきます。

・「すべては自分しだい」だと考える。
・ありのままの自分を受け入れる。
・「劣等感は、強みである」であると知る。
・「もっとも大切な目的は何か」を考える。
・人のために尽くすことが、自分の生きがいになる。
・失敗も挫折も楽天的な気持ちで乗り越える。
・自分の性格は変えられる。環境も変えられる。

このようなアドラー心理学の教えや考え方が、どのようにして「やる気」につながっていくかは、本文で確認していただければ幸いです。

著者

目次

第1章　「すべては自分しだい」だと知る　17

第2章　もっとも大切な目的を見失わない　41

第3章　ありのままの自分で生きていく　63

第4章　自分の性格を変えていく　87

第5章　満足することが、明日の行動力を生む　111

第7章　勇気と活力とを発揮する　159

第9章　何があっても楽観的でいる　203

第1章
「すべては自分しだい」だと知る

自分の人生は自分自身で作り上げていく

◆恵まれない生活環境を乗り越えていく力を持つ

「自分の人生は、自分自身の力で作り上げていきたい」という欲求の強い人は、自分の人生に向かっていつも意欲的に、やる気満々で立ち向かっていくことができます。

「自分の人生」とは、他人から与えられるものではありません。

生活環境によって作られるものでもありません。

「自分の人生」とは、周りの人たちの影響や生活環境に関わりなく、自分自身の意志によって創造していくものなのです。

フランスの女性ファッションデザイナーだったココ・シャネルは、**「私は自分の人生が気に入らなかった。だから自分で自分の人生を創造した」**という言葉を残しています。

シャネルは、帽子や香水などで「シャネル」というブランドを創設し、それを世界的な有名ブランドにまで成長させた成功者ですが、幼い頃はとても不幸な境遇にありました。

子供の頃に母親が病死し、父親からは見捨てられ、十八歳になるまで孤児院で育てられたのです。

そのような幼い頃の生活環境を、シャネルは「私は自分の人生が気に入らなかった」と言っているのです。

ですから、シャネルは、**「このような人生を実現したい」「このような女性でありたい」**という自分の願望を、自分自身の意志によって作り出していく決心をし、それを実践したのです。

そして実際に、願望通りの人生を作り上げたのです。

シャネルは生涯、意欲的に働きました。仕事へのやる気を失わなかったと言われています。シャネルのやる気を支えていたのは、まさに「自分の人生は、自分自身で作り上げていく」という思いだったのです。

自分の創意工夫や、夢や希望を人生に生かす

◆自分次第で「充実した人生」にもなり「ふがいない人生」にもなる

オーストリアの精神科医であり心理学者だった人物に、アルフレッド・アドラーがいます。

このアドラーが創始した心理学は「アドラー心理学」「個人心理学」などと呼ばれていますが、「やる気を導き出す」という点で参考になることがたくさん含まれています。

たとえば、アドラー心理学に「**自己決定性**」という言葉があります。

この言葉には、「**充実した人生を送るか、ふがいない人生を送るかは、自分しだいで決まる。どのような状況においても、自分自身が自分の人生の主人公なのだから、主体的に生きていくことが大切である**」という意味があります。

たとえば、同じ仕事を同じ待遇でしていながら、Aさんは意欲的にイキイキとして働いています。しかし、一方で、Bさんは、仕事にやる気をまったく感じられません。毎日、イヤイヤながら会社に行き、イヤイヤながら仕事をしています。

このAさんとBさんの違いは、どこから来るのでしょうか。

Aさんは、「自分の創意工夫や、夢や希望といったものを仕事に生かし、自分の力によって仕事を想像していく」という意志が強いのです。

一方で、Bさんは、「与えられた仕事を、言われた通りにただやっている」というタイプの人なのです。

つまり、「充実した気持ちで働いていけるか」「仕事にやる気をまったく感じられないか」は、仕事の内容によって決まるのではありません。

その仕事に従事する本人の思い次第で決まるのです。

このように、**「人生は、環境によって決まるのではなく、自分自身の決心や行動によって決まる」**と考えるのが、アドラー心理学の「自己決定性」の意味なのです。

「自分の人生は自分自身で決め、主体的に創造していくものだ」という認識を持つことで、自分の人生についてより意欲的に取り組んでいけるようになります。

ハンディキャップがあっても、自分しだいで夢を叶えられる

◆ハンディキャップがあっても、夢をあきらめない

イギリスに、スーザン・ボイルさんという歌手がいます。

彼女は若い頃から、「プロの歌手になりたい」という夢を持っていました。

しかし、他人とのコミュニケーションがうまくできないアスペルガー症候群という障害があったために、その夢を果たすことができないでいました。

ところが、四十代後半で、あるオーデション番組に出場し、ミュージカルの主題歌を歌いました。それがきっかけで、彼女の持つすばらしい歌唱力が認められ、プロの歌手になることができたのです。

彼女が次のような言葉を残しています。

「私は出生時に脳に軽いダメージを受けた。しかし、私と同じような障害を持つ人

たちに言いたいが、障害のために自分の人生の可能性をふさがないでほしい。私自身は障害があっても、歌唱力という才能を開花させた（意訳）」というものです。

体にハンディキャップを負った人は、そのために何かやりたいことがあっても、それを実現する意欲をなかなか持てないこともあると思います。

しかし、スーザン・ボイルさんは、**「障害があっても、やりたいことを実現できる。夢を叶えられる。才能を開花させることができる」**と述べているのです。

アルフレッド・アドラーの言葉に「自己決定性」というものがありますが、これをさらにわかりやすく言えば、**「すべては自分しだい」**という意味になります。

スーザン・ボイルさんが、この言葉で言っているのも、「すべては自分しだい」ということだと思います。

「ハンディキャップがあっても、自分がやる気を失わずにいれば、夢を叶えられる。やる気を持ち続けるか、あきらめてしまうかは自分しだいだ」ということです。

これは生きる勇気とやる気を与えてくれる言葉だと思います。

自分ができると信じれば、できないものは何もない

◆「できる」と信じて意欲的にチャレンジしていく

アメリカの女性実業家、メアリー・ケイ・アッシュは、**「できると思えば、できるはずだ。できないと思えば、できない」**という言葉を残しています。

つまり、「できるか、できないかは、状況や環境が決めるのではない。自分しだいで決まる」という意味です。

「やりたいことがたくさんある」と、誰でもが言います。

「独立して、自分で商売を始めてみたい」

「海外を一人旅してみたい」

「定年退職したが、もう一度大学で勉強したい」

「趣味の会を立ち上げて友だちをたくさん作りたい」

などなど、人によって様々な「やりたいこと」があるのです。

しかし、そんな「やりたいこと」を実際に実践している人は意外と少ないのです。

多くの人が「資金がない」「時間がない」「この年齢では無理だ」といった理由を掲げて、やりたいことをやらずにいるのです。

しかし、本当は、そんな状況や環境が原因なのではなく、「自分ができないと決めている」だけなのかもしれません。

「自分ができると思う」と確信すれば、資金や時間、年齢といったものにかかわらず、できることなのです。

やりたいことがあるのであれば、それに向かって意欲的にチャレンジしていくほうが、その人にとって幸せな人生を実現できます。

やりたいことがあるのに、いろいろな理由をあげてやらずにいるのは、結局は後で後悔することになるのです。

そうならば、「できる」と信じていくほうが、幸せになるためには賢明です。

やる気にならないことを「人のせい」にしない

◆やる気になるかならないかは「自分しだい」だと知る

「あんなダメな上司の下では、やる気が出ない。もっとリーダーシップのある上司の下でなければ、やる気にならない」という人がいます。

しかし、本当にこの人は、もしリーダーシップのある上司の下で働くチャンスを得られたなら、やる気を出して仕事に打ち込むようになるのでしょうか。

おそらくは、リーダーシップのある上司のもとで働いても、この人はやる気を起こすことはないでしょう。

本当の意味でやる気がある人ならば、たとえダメな上司の下であっても、やる気満々で仕事にのぞむものなのです。

上司がどうかということは関係ありません。

やる気になるかどうかということは「自分しだい」なのです。

カトリック教会の修道女であり、社会活動家だったマザー・テレサは、**「リーダーシップがある指導者が現れるのを待っていてはいけません。一人でもやるのです」**という言葉を残しています。

やる気にならないことを、「人のせい」にしてはいけないのです。

「親が悪いから、勉強する気になれない」という人がいます。

「周りの人たちが怠けているから、僕もやる気が出ない」という人もいます。

「こんな世の中では、やる気になれるはずがない」という人もいるでしょう。

そんなふうに「人のせい」にしている限り、永遠にやる気など出てはこないのです。

周りの状況がどうであれ、**一人でもやる気になって自分が目指すべきものへ向かって進んで行くのがよい**のです。

本当の意味で「やる気に満ちた人」は、実際に、一人であってもその気になり、一人であっても行動していくものなのです。

人のためになることをして「自分の価値」を高めていく

◆周りの人から必要とされる人間になる

「自分はこの会社にいていいのだろうか」

「自分は何の役にも立っていないと思う」

このような考えに陥《おちい》ってしまう人がいます。

自分で自分という人間を認められないのです。

このような心の傾向を、心理学では「**自己肯定感**《じここうていかん》が低い」という言い方をします。

この「自己肯定感が低い」タイプの人は、何事にも消極的で、やる気がなく、人づき合いを避ける傾向があります。

では、どのようにすれば、「自己肯定感」を高めることができるのでしょうか。

そのために本を読んで自己啓発の勉強をする人もいます。

能力のスキルアップを目指す人もいます。

もちろん、そのようなことも重要ですが、もっと簡単に、しかも着実に「自己肯定感」を高める方法もあります。

アドラー心理学の大切な教えの一つに、**「『自分には生きている価値がある』ということを実感するために大切なことは、『人のために自分は何ができるか』を考えることだ」**というものがあります。

職場の同僚や、あるいは取引先やお客さんのために自分に何ができるかを考え、それを実践していけば、やがて多くの人から「この会社にあなたがいて本当に助かります」と感謝されるようになります。

また、友人や知り合い、また家族などを喜ばすために自分に何ができるかを考え、それを実践していけば、周りの人たちから必要とされ大切に扱われるようになります。

それが「自己肯定感」を高めます。

そして生きる意欲を生み出していくのです。

周りの人に受け入れられることによって、やる気が増していく

◆「自分のために」と「人のために」を両立させる

会社や友人関係などで孤立しやすいタイプの人がいます。

孤立するタイプの人たちの多くに共通しているのは、「自分のことしか考えない」ということです。

一方で、会社や友人関係などに、あたたかく受け入れられるタイプの人もいます。

受け入れられるタイプの人に共通するのは、「人のためを思う気持ちがあり、人のためになることを日常的に実践している」ということです。

心理学では、自分が周りの人たちに受け入れられているという認識を**「受容感」**と言っています。

そして、この「受容感」が高い人ほど、何事にも意欲的であることが知られていま

す。

仕事でも人間関係でも、人が生きていく上で、「勉強熱心であり、高い能力を持っている」ということは、とても大切な要件になってきます。

しかし、せっかくすばらしい知識や能力を持っていても、「自分のことしか考えない」というタイプの人は、集団の中で孤立していきます。

そして、その寂しさや辛さから、生きる意欲を失っていくことが多いのです。

勉強する時は、自分のためだけを考えるのではなく、「勉強で得た知識を、人のためにどう役立てるか」を考え実践していくことが大切です。

自分が持っているすばらしい能力は、自分の利益を求めることだけに使うのではなく、**「周りの人のために自分の能力をどう使っていけばいいか」**ということを考え実践していくことが大事なのです。

そのように「人のため」を心がけることで、周りの人から受け入れられます。

そうすれば「受容感」が高まり、仕事にも人間関係にも意欲的に取り組んでいけるようになるのです。

自分を捨てて人に尽くすことによって、自分ならではの人生を得る

◆人のために「自分にしかできないこと」を考える

スイスの教育者にペスタロッチ（18〜19世紀）という人物がいます。

彼が存在した当時は、フランス革命後のヨーロッパでした。その時は戦乱状態にあり、そのためにたくさんの子供が孤児《こじ》になっていました。

彼は、そのような戦災孤児を救うための孤児院を創設し、孤児たちに人間的な生活を送れる環境と、また人並みの教育を与えることに熱心に取り組みました。

このペスタロッチは次の言葉を残しています。

「自分自身を捨てて、人のために尽くす」というものです。

まさにペスタロッチは、一生をかけてこの言葉を実践したのです。

ただ、この言葉につけ加えて、次のように言ってもよいでしょう。

「人のために尽くすことによって、自分自身の幸せを得る」と。

ペスタロッチは、自分自身のことなどさておいて、孤児のために尽くしました。

そして、孤児のために尽くすことによって、自分自身のこの世での存在価値を得て、また働く喜び、仕事への意欲、生きがいなどを得ていたのです。

つまり、「自分自身を捨てて人のために尽くし、人のために尽くすことによって自分自身の幸せを得た」のです。

これは、あらゆる仕事に応用できる法則になります。

自分を捨ててお客さんのために仕事をすることによって、その人は会社での自分自身の存在価値を得るのです。

仕事へのやる気や、生きがいを得ることができるのです。

家庭でも、自分を捨てて家族のために尽くすことによって、家庭での存在価値、また家事へのやる気、生きがいを得ることができるのです。

人に尽くすことによって、自分ならではの幸せな人生を実現できるのです。

リラックスすることで、セルフコントロール能力が高まる

◆「気合い」と「リラックス」でやる気を高める

「私は自分の気持ちをコントロールできている」という自信がある人ほど、やる気が持続します。

失敗しても、落ち込んでやる気を失うことはありません。

アクシデントに見舞われても、動揺してやる気をなくすことはありません。

誰かにイヤミを言われても、ふてくされてやる気をなくすことはないのです。

上手に気持ちを切り替えて、やる気をもって物事に取り組み続けていくことができます。

自分の意思で自分の気持ちをコントロールすることを、心理学では**「セルフコントロール」**と言います。

そして、この「セルフコントロール」の能力を高めるために大切なことは、**「リラックスすること」**だと言われています。

スポーツ選手が競技の途中に深呼吸する場面を見かけることがあります。

また、意識して笑顔を作っている選手もいます。

あの**「深呼吸」**や**「笑顔」**は、「セルフコントロール」の能力を高めるテクニックなのです。

リラックスすることで、気持ちを落ち着け、集中力と、勝つことへのやる気を高めることができます。そのために「深呼吸」や「笑顔」を利用しているのです。

精神的にリラックスするための方法は、他にも**「雑談する」「飲み物をとる」「自然を眺める」「背伸びをする」**などたくさんあります。

一般の職場などでも、自分に合った方法で、このようなリラックス法を取り入れていけば、「セルフコントロール」の能力が高まり、仕事へのやる気が持続します。

自分に気合いを入れるだけでは、やる気は十分に発揮されません。

気合いと同時に、リラックスすることも大事なのです。

強制的にやる気を盛り上げていく、こんな方法もある

◆「やる気になる仕掛け」を工夫する

やる気を持続する方法の一つに、**「外的統制《がいてきとうせい》」**と呼ばれるものがあります。これは心理学用語ですが、「外的な要因で自分の気持ちをコントロールすること」を意味します。

たとえば、受験生が夏休みに予備校が主催する合宿に参加する、といったケースです。合宿では、予備校が設定したスケジュールに従って、なかば強制的に勉強をすることになります。これが「外的統制」です。

フリーランスで仕事をしている人には、「自宅ではやる気が出ないので、喫茶店に行って仕事をする」という人がいます。

自宅では、勝手気ままにできるので「外的統制」が働きません。

一方、喫茶店などでは、「人の目」が「外的統制」として効果を発揮するのです。「人が見ているところで、怠けているわけにはいかない。一生懸命に働いている姿を見せなければ」という意識が働くのです。

会社などでは同僚や上司の目がありますから、いっそうこの「外的統制」の効果が働きやすい環境だとも言えます。

地域の友人同士で集まって一緒に朝のラジオ体操をするケースも、「外的統制」の効果を期待しているのです。

「今日はラジオ体操をするのは面倒だな」と感じた時、一人で体操をやっている人は怠け心に打ち勝つことができず、つい体操を休んでしまうということになる場合が多いと思います。しかし、仲間と一緒に体操をしていると、「私だけ参加しないのは申し訳ない。意志が弱い人間だと思われたくもないし」という気持ちが働いて、怠け心に打ち勝てるのです。

日常生活の中で、このような**「外的統制」を自分なりに工夫して、やる気を盛り上げていく**ことが必要です。

意志が強い人ほど、深く落ち込みやすいという性格がある

◆自分の責任をあまり強く感じすぎない

心理学に**「内的統制《ないてきとうせい》」**という言葉があります。

これは、「自分の意志によって自分のやる気や行動をコントロールすること」を意味します。

他人から命令されなくても、外的な刺激を受けなくても、自分の意志によって物事に一生懸命に取り組んでいくことです。この「内的統制」の能力がすぐれた人は、それだけ忍耐強く、意志が強いとも言えます。

世の中で大きなことを成し遂げることのできた人物は、ほぼ例外なくこの「内的統制」の能力がすぐれていると言えます。

ただし、この「内的統制」の能力がすぐれた人の中には、注意が必要な人もいます。

このタイプの人の中には、「落ち込みやすい」という欠点を持つ人もいるのです。

何かうまくいかない事態が生じたり、物事が失敗したりすると、このタイプの人は「自分の努力が足りなかったから、こんなことになった」と考えがちです。

実際には自分に責任がないことでも、自分でその責任を背負い込む傾向が強いのです。つまり、すべてのことを自分自身に結びつけて考える性格が強いのです。

そのために必要以上に深く落ち込み、その結果としてやる気を失っていく場合があります

小説家の北条民雄《ほうじょうたみお》（20世紀）は、

「意志の強い人ほど、それに比例して絶望も大きい（意訳）**」**という言葉を残しています。

この言葉も、「内的統制」の能力にすぐれた意志の強い人ほど、自分の責任を強く感じて深く落ち込んでしまう場合が多い、ということを語っているのです。

「内的統制」の能力がすぐれた人は、物事がうまくいかない場合があっても、**「まあ、しょうがない」**と楽観的に受け流すことを心がけることが大切です。

第2章
もっとも大切な目的を見失わない

「与えられた目的」に「自分で決めた目的」を組み込んでおく

◆自分なりの目的を明確化していく

やる気を強めるテクニックの一つに、「目標を明確化する」ということが挙げられます。

目標を設定しないいまま、ただ漠然《ばくぜん》と努力を続けていくのでは、やる気は高まらないのです。

心理学では、これを**「目標設定の効果」**と呼んでいます。

ここで大切なことは、「目標は自分自身で設定する。自分なりの目標を定める」ということです。

「目標を自分で決める」ことによって、目標達成へのやる気がさらに増すからです。

目標には次の二種類のものがあります。

「自分で決める目標」「与えられる目標」

プライベートの生活において何かの目標を定める場合は、自分で決められます。

しかし、会社では、仕事の成果などの目標は、ほとんどの場合、自分では決められません。その目標は、会社や上司から与えられるものです。

しかし、たとえ「与えられた目標」であっても、その中に「自分で決めた目標」を組み込んでおくことが重要です。

たとえば、営業で「今月の売上、１００万円」という目標を会社から与えられたとします。

その目的の中に、

「残業することなしに、売上１００万円を達成する」

「半月で50万円を達成する」

といった具合に「自分で決めた目標」を組み込んでおくことが大切なのです。

そうすることで「与えられた目標」であっても、意欲的にそれに取り組んでいけるようになるのです。

どのような状況でも、人生の目的を叶える方法はある

◆最後まで可能性を探し、やる気を失わない

小説家の夏目漱石《なつめそうせき》は、

「自分のしていることが、自分の目的になっていないほど苦しいことはない」という言葉を残しています。

人生では「自分の目的」のためだけに生きていけるとは限りません。

組織や社会、あるいは家族のために「自分の目的」を横に置いて生きていかなくてはならない場合もあります。

たとえば、病気になった家族の介護のために、自分のやりたいことをあきらめざるを得なくなるというケースもあります。

そういう状況は当事者にとって、夏目漱石の言葉にあるように、「これほど苦しい

ことはない」という心境になるに違いありません。

しかし自分しだいで、どのような状況でも「自分の目的」を叶える方法は見つかるものだと思います。

次のような話を聞きました。

ある女性マンガ家がいました。

「いつかヒット作を出す」ということを目的にがんばっていましたが、なかなかヒット作に恵まれませんでした。

そんな折に、夫が病気になって自宅で療養することになったのです。

彼女は夫の介護をせざるを得なくなりました。彼女は当初、「マンガでヒット作を出す」という目的をあきらめるしかないという苦しい心境になりました。

しかし、開き直って、夫を介護する日々をマンガとエッセイでまとめた本を作ることにしたのです。すると、その作品が大ヒットしたのです。

人の人生は様々な可能性に満ちています。この事例のように、どのような状況の中でも「自分の目的」を叶える方法はあるのです。

従って、どんな状況でも、最後までやる気を失わないことが大切です。

「目的地まで至る方法はいくらでもある」と知る

◆最後まで可能性を信じ、あきらめない

イギリスのことわざに、

「森に行く道はいくらでもある」というものがあります。

このことわざにある「森」とは、「人生の目的地」を意味します。

「道」とは、「目的地に至る方法」です。

つまり、「人生の目的地に至る方法はいくらでもある」と言っているのです。

人はつい、目的を達成する方法は一つしかないと考えがちです。

そして、その方法がうまくいかないと、その時点でやる気をなくし、目的を叶えること自体をあきらめてしまいがちです。他の方法を試すということをしません。

これは、その人にとって非常にもったいないことだと思います。

他の方法を試せば、それがうまくいき、目的を叶えることもができるかもしれないからです。

宇宙探査機の「はやぶさ」が、地球からはちょうど火星あたりの距離にある、小惑星イトカワから採取した石を持って地球へ帰還してきたエピソードは、多くの人に感動を与えました。

「はやぶさ」は帰還途中、燃料漏《も》れを起こしたり、エンジンが故障したり、地球から通信ができなくなったり、様々なトラブルに見舞われます。

そのために、多くの人が「地球へ帰還させる」という目的を果たせないのではないかと考えました。

しかし、このプロジェクトに関わっていたスタッフは、「『はやぶさ』を地球へ帰還させる方法は必ずある」と信じ、最後まであきらめませんでした。そしてその方法を見つけ出し、「はやぶさ」を地球に帰還させることに成功したのです。

「方法はある」と信じあきらめないことが、最後までやる気を失わないコツです。

「幸せになる」という目的を最後まで見失わずに生きていく

◆「不満には必ず解決する方法がある」と知っておく

「もう、やってられない」と、不満を口にする人がいます。

人には、生きていく上で「不満を持つ」ということがあるかもしれません。

考えようによっては、**不満が生じるということは、それだけ生きることへの意欲とやる気が満ちあふれている証しでもある**とも言えるのです。

「幸せな生活を実現したい」という目的があるからこそ、その自分の思いに反する事態に直面した時、「やってられない」という不満が生じるのです。

大切なことは、不満を持ったとしても、「幸せな生活を実現したい」という目的を見失わないことです。目的を見失わずにいれば、その不満をどうやって解消すればいいのかという解決策を見つけ出すことができます。

周りの人と話し合って、お互いにハッピーになれる着地点を探すこともできます。

たとえば、つき合っている彼氏に、「仕事が忙しいという理由で、私とデートする時間を作ってくれない」という不満を持つ女性がいたとします。

彼女がそんな不満を持つのは、もちろん「彼氏と仲よく幸せに暮らしていきたい」という目的があるからです。

不満からイライラしたり、相手への怒りを感じることがあっても、この目的を見失うことがなければ、「忙しい合間を縫《ぬ》って、どうやって彼とデートする時間を作ればいいのか」を考えることができます。彼氏と話し合って、「平日にデートするのは難しいが、休日には必ず二人でどこかに行く」といった約束事を作ることもできます。

もしここで、その目的を見失ってしまったら、イライラや怒りといった感情に振り回されて彼氏とケンカ別れすることになるでしょう。**目的を見失わずにいてこそ、不満を乗り越えて、「幸せ」に向かっていく意欲を失うことがないのです。**

アルフレッド・アドラーは、「人生には目的がある」と言っています。

この**「人生の目的」を見失わないことが、幸福への意欲を継続させるのです。**

一つの「小さな目的」にこだわることなく、柔軟に生きる

◆一つの目的が叶えられなかったら、他の目的を叶える

人生には「大きな目的」と「小さな目的」があります。

人生の大きな目的というのは、たとえば、「幸せになる」「自分らしい生き方をする」「成功者になる」といったことです。

そして、そんな「大きな目的」を叶えるために、いろいろな「小さな目的」を設定します。

たとえば「幸せになる」という大きな目的を叶えるために、「結婚する」「子供を持つ」「自分の能力を生かせる仕事に就く」「お金を貯める」「充実した趣味を持つ」「雰囲気のいい街で暮らす」など様々な「小さな目的」を持ちます。

もちろん、これら「小さな目的」をすべて叶えることができるとは限りません。

しかし、それはそれでいいのです。

もしいくつかの「小さな目的」を叶えられなかったとしても、他の「小さな目的」をいくつか叶えることで、「幸せになる」という大きな目的に到達することは十分に可能だからです。

たとえ「結婚する」「子供を持つ」という目的を叶えられなかったとしても、「自分の能力を生かせる仕事に就く」「充実した趣味を持つ」という目的を叶えることによって、「幸せになる」という大きな目的へ到達することはできるのです。

ですから、ある一つの「小さな目的」にばかりこだわるのではなく、「大きな目的」を叶えるために柔軟な生き方をすることが賢明です。

「大きな目的」さえ見失うことがなければ、時に失敗や挫折を経験することがあっても、そこで生きる意欲を失うことはありません。

「大きな目的」を叶えるために、他の「小さな目的」を見つけ出して、それに向かってがんばっていけるのです。

いい休養があってこそ、活力あるやる気が生み出される

◆がんばりすぎないように、みずから注意する

がんばり屋さんに限って、やる気を失ったまま立ち直れなくなる、ということがよくあります。

その原因は、「自分の限界を超えて、がんばりすぎてしまう」ということです。

がんばり屋さんの性格を持つある女性は、ある大きなプロジェクトのリーダーを任されました。

「絶対に、このプロジェクトを成功させたい」という思いで、彼女はやる気満々でした。毎日深夜近くまで残業し、休日にも仕事をしていました。

しかし、三カ月後、過労がたたってダウンしてしまったのです。

やる気をもって事に臨《のぞ》むことは大切です。しかし、その**やる気を持続させていくた**

めに大切なことは「適度に休む」ということなのです。

いい休養が、活力あるやる気を生み出すのです。

自分の限界を超えてがんばりすぎてしまったら、結局は、みずからやる気を減退させてしまうことになるのです。

しかし、残念なことに、この「がんばり屋さんの性格を持つ人」というのは、なかなか「休む」ということができません。

心身ともに疲れ切っている状態でも、「もっとがんばらないといけない」と自分を追い込んでいってしまうのです。

アドラー心理学の大切な教えの一つに、**「目的を見失わない」**ということがあります。

がんばる目的とは、「仕事を成功させる」ことにあるのです。

がんばりすぎてダウンしたら、成功どころか、その仕事は失敗することになります。

適度な休養を取っていってこそ、活力あるやる気が生み出され、仕事は成功に導かれていくのです。「仕事を成功させる」という目的のために、「休む」のです。

そう考えれば、「がんばりすぎ」を抑制できるようになると思います。

「やる気が出ない」原因には様々なものがあると知っておく

◆自分の心が発する声に耳を傾けてみる

「なんとなく、やる気が出ない」という時があります。

そのような時は、**なぜ「やる気が出ない」のか、その理由を自分なりに考えてみる**ことも大切です。

たんなる怠け心から「やる気が出ない」という場合もあるかもしれません。

そんな場合には、「もっとがんばらないといけない」と自分にカツを入れて、気持ちを奮い立たせる必要もあります。

しかし、注意しなければならないのは、「やる気が出ない」理由は他にもいろいろなものがあるということです。

たとえば、過労がたたって心身ともにクタクタの状態になっているために、「やる気が出ない」という場合もあるでしょう。

仕事に追いまくられて、プライベートの生活を楽しむ時間がまったく取れずに、「やる気が出ない」というケースもあります。

職場の人間関係でのストレスが溜まって、「やる気が出ない」という人もいます。

そのような時にも、怠け心から「やる気が出ない」という場合と同じように、「もっとがんばらないといけない」と自分にカツを入れるようなことをしたら、かえって逆効果になるのです。

ここでは「もっとがんばる」ことを考えるよりも、むしろ**がんばることをいったんやめて、「いい休養を取る」「プライベートを楽しむ時間を作る」「気分転換してストレスを解消する」**といったことを心がけるほうが大切です。

そうすることで「やる気が出ない」という精神状態から脱することができるのです。

そのためには、自分の心や体が発している声によく耳を澄ましてみることが大事です。自分の心や体が「怠けたい」と言っているのか、「疲れたら休みたい」と言っているのか、それを聞き分けることで、適切な対処方法を見つけることができます。

大切なのは原因追究ではなく、生産的な解決策を見つけ出すことだ

◆「原因を追究しても、解決策にはならない」と知る

アドラー心理学の考え方の一つに、**「原因を問わない」**というものがあります。

たとえば、物理学や化学では、「なぜこのような結果になったのか。この現象の原因は何か」ということを追究することが重要な要素となっています。

しかし、アドラー心理学は違います。

下手に原因追究を始めると、人生の大切な目的を見失うことになるのです。そのために生きる意欲を失っていくことになりがちなのです。

ですから、アドラーは、**「原因を問うのではない、解決策を見つけ出すことに全力を傾けるべきだ」**と主張するのです。

たとえば、友人とケンカしたとします。

お互いに、「あなたがそういうことを言うからケンカになったんじゃない」「違う。あなたの性格が悪いから、ケンカになったのよ」と言い合います。

しかし、そんなふうにケンカになった「原因」を追究し合っていても無益なのです。言い争いがますます激しくなっていって、「もうあなたの顔なんて見たくない。絶交だ」というところまでいきかねません。

この時に大切なのは、「ケンカになった原因を追究する」ことではなく、「どうすれば仲直りできるか。どうすれば今後、もっといい関係でいられるかといった解決策を見つけ出す」ことなのです。つまり、**過去より未来を重視する**のです。

友人関係でも、恋人同士の関係でも、また夫婦の関係でも同じことです。

いくら仲のいい、愛し合う関係でも、時にはケンカになることもあります。

その時に大切なのは、「原因追究よりも、解決策を見つけ出す」ということです。

そのように心がけることで、人生はずっと生産的なものになります。

「二人で充実した時間と、幸せな生活を作っていこう」という大切な目的を見失うことなく、お互いの関係を前向きに意欲的に発展させていくことができます。

「ここが悪かった」ではなく、「こうすれば良くなる」を考える

◆原因追究型の反省の仕方をやめる

何かに失敗した時、人は、「私が悪かったから、このような結果になったのだ」と反省します。

もちろん、反省することは悪いことではありません。

ただし、反省することには、いいものと悪いものがあることを知っておくほうが賢明です。

「いい反省」とは、解決策を見つけ出すためにする反省です。

「悪い反省」とは、原因を追究するためにする反省です。

つまり、「私のどこが悪かったから」という反省ばかりしていても、あまり意味がないのです。

自分への自信が失われ、やる気を失っていくだけで、非生産的な精神状態に陥っていくと思います。

むしろ、「今回の失敗で、損失をもっとも少なくする方法は何か。どうすれば今回の失敗を挽回《ばんかい》できるのか」という解決策を見つけ出すためにする反省の仕方をするほうが、ずっと生産的です。

そのほうが自分自身の人生にとっても有益ですし、やる気を失うこともありません。

思想家の唐木《からき》順三《じゅんぞう》（20世紀）は、

「自省《じせい》、つまり自分自身の内にうまくいかない原因を追究するような反省の仕方をしていると、底なしの泥沼にはまっていく（意訳）**」**という言葉を残しています。

結局、「私のどこが悪かったから」という原因追究型の反省の仕方をしていると、いい解決策を見つけ出すことなく、底なしの泥沼にはまっていくように気持ちが落ち込んでいくだけなのです。

「これが悪かった」と考えた上で、「こうすれば良くなる」と考える反省の仕方が大切です。

「あの時、どうすれば」ではなく、「これから、どうするか」を考える

◆過去を振り返るのではなく、未来志向で生きていく

英文学者の吉田健一（20世紀）は、

「『あの時、こうすれば、ああなった』という考えは誰にでも浮かぶ。しかし、それはただ頭に浮かぶだけの話であって、生産的な意味は何もない（意訳）」という意味の言葉を残しています。

人は過去を振り返って、

「あの時、あの女性と結婚していたら、もっとすばらしい人生だったかもしれない」

「あの時、知人の紹介で転職していたら、ビジネスの世界で大成功をおさめることができていたかもしれない」

「あの時、大学の法学部ではなく、文学部へ入っていたら、今頃小説家として有名

になっていただろう」

といったことをよく思い浮かべます。

しかし、そんなことをいくら頭の中で思い浮かべたとしても、これからの自分の人生が充実するわけではありません。

未来に向かって、やる気がみなぎってくるわけではないのです。

むしろ、後悔という感情にとらわれて、生きる意欲を失っていくばかりです。

大切なのは、「あの時、こうすれば、こうなった」ということを考えるのではなく、**「これから、こうすれば、こうなる」**ということを考えることです。

「今の妻と、これからこんな生活をしていけば、すばらしい人生になるはずだ」

「今の会社で成功するには、これからどうするべきか」

「今からでも小説家になることはできる。そのためには、これからどうすればいいのか」ということです。

このように未来志向で生きていくほうが、意欲的に充実した人生を切り開いていけると思います。

第3章
ありのままの自分で生きていく

「ダメな自分」をありのままに受け入れてみる

◆「ダメな自分」を嫌うのではなく、受け入れてみる

物事がうまくいかない時、失敗や挫折によって落ち込んでいる時、私たちはついやる気を失ってしまいがちです。

「うまくいかないことばかりだ。この仕事は私には向いていない」

「また失敗した。周囲の人たちの期待を裏切った。私には才能がない」

という悲観的な感情にとらわれ、やる気を失っていくのです。

しかし、そこでやる気を失ってしまったら、うまくいかない状態からいつまでも抜け出すことはできません。

失敗や挫折を乗り越えて、たくましく未来へ前進していけません。

では、どのようにしてやる気を取り戻せばいいのでしょうか。

アドラー心理学では、そのヒントを**「自己受容《じこじゅよう》」**という言葉で説明しています。

「自己受容」とは、**「欠点をも含めて、ありのままの自分を認める」**ということです。

「不器用で、しょっちゅう壁にぶつかっているばかりいる自分」

「才能がなく、周りの人の期待を裏切ってばかりいる自分」

欠点のあるそんな自分を毛嫌いするのではなく、ありのままに受け入れるのです。

欠点のあるダメな自分を毛嫌いするから精神的にいっそう追い込まれ、やる気を失っていく結果になるのです。

ダメな自分であっても、そんな自分を欠点をも含めてありのままに受け入れることによって、心が楽になります。

その結果、楽観的な気持ちになり**「がんばって、少しずつでもいいから成長し、ちょっとずつ周りの人たちの期待に応えられるような自分になっていこう」**という前向きな気持ちが生まれてくるのです。

ダメな自分を受け入れればやる気が出ます。受け入れられないなら、そこでやる気がストップするのです。

過去の失敗から「人生の知恵」を学び取っていく

◆「後悔する」のではなく「いい勉強をする」のがいい

過去に自分がしたことを、いつまでも悔やんでいる人がいます。

「どうして、あんな決断をしてしまったのだろう。間違った決断をしたために、自分の人生はメチャクチャだ。もう未来はない」

「あんなバカげたことをするんじゃなかった。そのために一生台無しになった。この先、いくらがんばってもいいことはないだろう」といった具合です。

しかし、このように過去の自分がしたことを後悔している限り、より幸福な人生を築いていくためのやる気は生まれてきません。

いつまでもクヨクヨと嘆《なげ》いているしかないのです。

人間であれば、生きている限り誰でもが誤った決断をしたり、バカげた行為をする

ものです。

その際、「誤った決断」や「バカげた行為」を乗り越えて、明るい未来に向かって意欲的に前進していくために必要なことは、「その経験を知識として、新たな人生に生かす」という気持ちを持つことです。

「いい勉強をさせてもらった。これで自分はもう二度と同じ過ちを繰り返さないだろう」という気持ちになることができれば、「誤った決断」や「バカげた行為」にいつまでも心を奪われて後悔し続けることはありません。

上手に気持ちを切り替えて、未来へ向かってがんばっていくことができます。

アドラー心理学は、**「経験の中から、目的に適《かな》うものを見つけ出すことが大切だ」**と教えています。

たとえ間違ったことをして失敗するという経験をしたとしても、そこから「人生の知恵」を学び取って、「幸福な人生を実現する」という目的に利用することができれば、その失敗を悔やむ必要もなくなるのです。

むしろ「いい勉強をさせてもらった」と、肯定的に考えることができるのです。

人は「笑われて強くなっていく」と信じてみる

◆人から笑われることを怖れる必要はない

小説家の太宰治《だざいおさむ》は、**「笑われて、笑われて、強くなる」**という言葉を残しています。

人は一生の中で「周りの人から笑われる」という体験をたくさんします。

周りの人たちは難なくできることなのに、自分一人だけできずに、みんなから「なんて不器用な人なんだ」と笑われることもあります。

また、みんな知っていることなのに、自分だけ知らずにいたために、「そんなことも知らないの」と笑われることもあるでしょう。

人から笑われることは、もちろん当人にとっては辛い経験です。

他の人と一緒にすごすのが怖くなり、周りの人たちから孤立するようになり、生きる意欲を失っていく人もいるでしょう。

そのような状態になっていくのは、その人が「笑われるのは恥ずかしいことだ」「笑われることは情けないことだ」という意識を強く持ちすぎていることが原因になっている場合も多いのです。

こういう場合は、認識を変えてみることが大切です。

太宰治が言うように、**「人から笑われる経験をすることで、自分自身は人間的に強くなっていく」**と考えてみるのです。

そのように「人から笑われる」ということを発展的な意味にとらえることで、精神的に落ち込まずに済むのです。

「笑われたって、へっちゃらだ」と、楽天的に受け流すことができるようになるのです。

そして、「笑われて強くなった自分」として、さらにいっそう意欲的に生きていくことも可能になるのです。

#「失敗した自分」を受け入れれば、新たなやる気が出てくる

◆「失敗した自分」を受け入れてみる

人間にとって「失敗する」ということは、じつは、とても重要なことなのです。

失敗することで、その人はたくさんの知恵を学びます。

失敗から学んだ知恵は、今後必ず役に立ってきます。

ですから、失敗は、成功から遠ざかることではありません。

むしろ失敗することによって、その人は成功へ一歩近づくと言えるのです。

歌人の石川啄木《いしかわたくぼく》は、

「成功することより、失敗することのほうが教訓と力とを与えてくれる（意訳）」という言葉を残しています。

失敗することで、「次には、こういう方法を取ってはいけない。また別の方法を試

してみなければならない」ということを学べます。

つまり、一つ賢い人間になれるのです。そして、知恵として自分の中に残ります。

そのことを啄木は「教訓」と言っているのです。

また、失敗することによって、「今度こそは成功させる」という新たな意欲が生まれます。失敗したことにより、一つ賢くなり、一歩成功に近づいたと理解できれば、なおさら大きなやる気がわき上がってきます。

そのことを啄木は「力」と述べているのです。

しかし、失敗したことによって、やる気を失ってしまう人がいるのも事実です。

とくに「プライドが高い」タイプの人は、やる気を失う場合が多いものです。

プライドが高い人は「失敗した自分」を許せないのです。受け入れられないのです。

ですから失敗から知恵を学べず、新たなやる気を導き出すこともできません。

失敗を生かすためには「失敗した自分」を受け入れることが必要なのです。

そのためには、**つまらないプライドなど捨て、「失敗した自分」を受け入れる勇気を持つ**ことが大切です。

自分と他人を見比べて落ち込まないようにする

◆ありのままを見て、自信と安心感を得る

自分と他人とを見比べて、

「友だちはすばらしい人間だ。とても充実した生活を送っている。それに比べて、私は悩んだり迷ってばかりいる。私ってダメな人間なのかしら」と思い、やる気を失っていく人もいます。

しかし、このようなケースでは、実際には、その友だちが必ずしも「充実した生活を送っている」というわけではないことも多いのです。

その友だちも、実際には、自分と同じように悩んだり迷ったりしながら生きている場合も多いのです。

また、自分自身にしても、実際には、悩んだり迷ったりしながらも、自分らしい充

実した生活を送っている場合も多いのです。

にもかかわらず、相手を「すばらしい人間」と評価し、自分を「ダメ人間」と決めつけている人もいます。

このような傾向を、心理学では**「過大評価」「過小評価」**と言っています。

他人にもマイナス要素があるにもかかわらず「すばらしい人間」と過大評価し、それに比べる形で、自分にもいい点があるのに「ダメ人間」と過小評価するのです。

そして、何事に対してもやる気を失っていくのです。

人間の思い、認識の仕方、感情には、このようにしばしば**「歪み」**が生じやすいのです。ですから、日頃から「ありのままを見る」ということを心がけておくことが大切です。

ありのままを見ることができれば、自分もそれなりに充実した生き方をしていると自信を得られます。そして**他人も自分と同じように悩んだり迷ったりしている**と気づき、安心感を得られるのです。

そして、この自信と安心感によって、意欲的に生きていけるようになります。

劣等感に惑わされるよりも、自分の強みを生かしていく

◆自分の長所と強みは何か、自分に問いかけてみる

人の心からやる気を奪い取ってしまう要因の一つに**「劣等感」**があります。

「周りの人たちと比べて、勉強ができない」「物事をテキパキできない。仕事が遅い」など、誰にでも一つか二つ劣等感があるものです。

このような劣等感が、物事がうまくいかない時、大きな失敗をした時、逆境に立たされた時、「こういう欠点や弱みがあるから、自分は何をやってもダメなんだ」と、その人を悲観的な気持ちにさせてしまうのです。

ここで大切なことは、「こんな欠点や弱みがあるから、自分はダメだ」と短絡的に決めつけないことです。そして、**欠点や弱みのある自分とうまくつき合い、それを補う自分の長所や強みに意識を向けていく**ということです。

たとえば、「学歴がない人」には、「従来の常識をかけ離れた、画期的なアイディアを発想できる」「普通の人がまねできないような行動力がある」といった長所や強みを持っている人が多いのです。

たとえば昭和の実業家である本田宗一郎さんは、現在の中学校しか出ていません。松下幸之助さんは小学校を卒業することもできませんでした。そんな学歴のない人であったにもかかわらず、この二人にはすぐれた発想力と行動力がありました。

そして「学歴がない」という劣等感に惑わされることなく、発想力と行動力という長所と強みを生かして成功者になったのです。

「仕事が遅い」という人には、反面、「仕事が正確で着実である」という長所や強みがあるはずです。それを生かせばいいのです。

欠点や弱みがあるからといって、それで自分の人生が決まってしまうわけではありません。自分の人生を作っていくのは、自分自身なのです。

そのことを自覚しながら、劣等感に惑わされずに、長所と強みを生かすことに重点を置けば、やる気がどんどんわいてきます。

意思と行動によって、すばらしい人生を作っていく

◆「すべては自分次第」ということを忘れない

「劣等感」という言葉は、現在では一般的に使われていますが、この言葉を最初に使ったのは精神科医で心理学者であったアルフレッド・アドラーです。

「劣等感」とは、**「人よりも劣った点があることへのネガティブな感情」**を意味します。たとえば、「生まれ育った家庭が貧乏だった」「見た目がよくない」「恵まれない環境にいる」といったことです。このような劣等感は、時として、その人の生きる意欲を奪い取ってしまいます。しかし、このような劣等感があるからといって、必ずしもその人の人生が不幸なものになるわけではありません。

その人が幸福で充実した人生を送れるかどうかは「自分自身の劣った点」に関わりなく、自分自身の意思と行動によって決まるのです。

紀元前5世紀頃に、このアドラーの考え方と同じことを説いていた人物がいました。仏教の創始者であるブッダです。ブッダは、

「人は、生まれ育った家が貧しいから、愚かな人間になるのではない。裕福な家柄に生まれたから、聖者になるのではない。

見た目がよくないから、愚かな人間なのではない。きれいな着物を身にまとっているから、聖者になれるのではない。

恵まれない環境にいるから、愚かな人間なのではない。高い地位にいるから、聖者なのではない。

その人が愚かな人間になるか、聖者になれるかは、その人自身の心がけと行為によって決まる（意訳）**」** と言っているのです。

裕福な家柄に生まれ、きれいな着物を着て、恵まれた環境にいたとしても、やる気がなくて怠けている人もたくさんいます。一方で、家が貧しく、見た目が悪く、恵まれない環境の中でも、イキイキと生きている人もいます。

すべては、自分次第なのです。そのことを忘れずにいれば、もっと前向きに生きていけるはずです。

「がんばれば、できること」のレベルを上げていく

◆志を「自己満足」や「夢物語」に終わらせてはいけない

大きな志を持つことは、充実した人生を実現するために、とても大切なことです。

大きな志を持つことで、「やってやるぞ」というやる気も湧き出てきますし、少々の困難にへこたれることなくがんばっていけます。

ただし、ちょっと注意が必要なのも事実です。

その大きな志が「たんなる自己満足」や「実現不可能な夢物語」でしかない人もいるからです。そのような場合、大きな志を持ったからといって、それが本当のやる気に結びつくことはありません。

かえって、その人から、やる気を奪うことになりやすいのです。

実業家の松下幸之助さんが次のような言葉を残しています。

「世間には、大志を抱きながら、自己満足におぼれて、何一つできない人がいる。言うことは立派だが、実行が伴わない。世の失敗者には、とかくこういう人が多い（意訳）**」**というのです。

大きな志を持つのがいいのですが、それが今の自分の実力でやり遂げられるものでないならば、その大きな志は何の意味もないのです。それこそ「たんなる自己満足」や「実現不可能な夢物語」で終わることになるのです。

ですから、大きな志を抱くにしても、まずは現実的な「がんばれば、できること」を目標として掲げることが大切です。

そして、その目標を達成したなら、もう少し高いところに新たな目標を設定し、それに向かってがんばっていけばよいのです。

そのようにして現実的な目標を少しずつ段階的にレベルアップしていくことで、「大きな志」へ近づいていくように心がけていくことが、やる気を出すポイントなのです。

「たとえ言うことは立派でなくても、実行が伴う人」が、大志を実現する成功者になれるのです。

とらわれない心で、自然体のやる気を導き出す

◆「緊張した時は、緊張してもいい」と考える

禅の言葉に、**「平常心」**があります。

この言葉は一般的にもよく使われます。

一般的には、「ふだんと変わらない心」といった意味を持つ言葉です。

しかし、禅の世界では、多少異なった意味合いが含まれています。

まず「平常心」の読み方ですが、禅では「びょうじょうしん」と読みます。

また、意味合いとしては「変わらない」というよりも、**「とらわれない」**というニュアンスが強くあります。

たとえば、担当者が会議で役員たちを前にして新しいプロジェクト企画の説明を行うときです。その説明で役員たちを納得させることができれば、正式にそのプロジェ

クトが認可されるのです。

担当者はやる気満々で会議に臨《のぞ》みます。

しかし、やる気が高まれば高まるほど、緊張感も高まってガチガチの状態になっていくのが、人間の心理の厄介《やっかい》なところです。

こういうケースで、「平常心でいこう。落ち着こう。ふだんの通りの気持ちでいこう」と自分に言い聞かせる人も多いと思います。

しかし、禅でいう「平常心」は違う考え方をします。無理に「平常心でいこう。落ち着こう」などと意識すると、かえって力が入って緊張感が高まります。

そこで禅では、そんな意識にとらわれるのではなく、むしろ**「緊張したら緊張してもいい。緊張から失敗したら失敗してもいい。ありのままの自分をさらけ出せばいいんだ」**と考えるようにするのです。

そのほうが心から余計な力が抜け、気持ちが落ち着くのです。

この「とらわれない、ありのままの姿」を意味するのが、禅で言う「平常心」です。

禅の「平常心」を心がけるほうが、自然体でのやる気を導き出せると思います。

優先順位をつけて、一つずつ仕事を終わらせる

◆忙しい時ほど気持ちを落ち着けて、優先順位を考える

やらなければならないことが山のようにあると、つい人は精神的に混乱してしまって、何をすればいいのかわからない状態になりがちです。

ある人は、「早く報告書を書かないと」と思ってパソコンを立ち上げるのですが、「いや、その前に取引先へ電話を入れておこう」と電話へ手を延ばします。しかし、「いや、待てよ。出張費の精算をしておかないと」と、電話へ延ばした手を引っ込めて、「そうだ。営業部の担当者に連絡しておく件があった」と思い直します。

このように頭が混乱した状態で、あっちへ手を出し、こっちへ手を出してバタバタと動き回っているのですが、そのわりには仕事は何一つ進まないのです。

このように落ち着きがなく、一つのことに集中できない状態を、心理学では「**多動性**《たどうせい》」と言います。

仕事は何一つ進まないにもかかわらず、心身共に疲労感は大きく、結局はやる気を失っていくことになります。

このように、やるべきことが山のようにあって忙しい時に大切なことは、**まずは気持ちを落ち着けて、仕事の優先順位を考える**ということです。

紙にやるべきことを書き出して、何を真っ先にやらなければならないか、とりあえず何は後回しにしてもいいかを整理するのです。

そして**優先順位の高いものから一つ一つ**仕事を片づけていくのです。

一つの仕事が終わるまで、次の仕事へ移らないように心がけることが大切です。

また、一つの仕事が終わるまでは、別の仕事のことを頭の中で考えないように心がけることも大切です。

一つのことに専念することで、集中力とやる気が増します。

「あっちも、こっちも」と動き回るよりも、一つのことに専念するほうが、仕事は効率的に早く終わるのです。

「あれをやりながら、これをやる」という習慣が、やる気を損《そこ》ねる

◆何かをする時には、そのことだけに集中する

江戸時代後期に二宮尊徳《にのみやそんとく》という人物がいました。

当時の農業指導者です。尊徳は子供の頃から非常に勉強熱心だったことで知られ、

そのエピソードから、薪《たきぎ》を背負って働きながら本を読んで勉強している子供の頃の尊徳の姿を再現した銅像が数多く作られて、各地の小学校に設置されました。（実際の尊徳が、本当に薪を運びながら本を読むことがあったのか、その信憑性《しんぴょうせい》は定かではないのですが）

ある禅僧が面白い話をしました。

その禅僧は、尊徳の銅像は、禅の考え方に合わないというのです。

禅には「一行三昧《いちぎょうざんまい》」という言葉があります。

「一行」とは、「一つの行為」の意味です。

「三昧」には、「そのことだけに集中する」という意味があります。

つまり、**「一つのことをする時には、そのことだけに集中し、他のことを一緒にしない」**というのが禅の考え方なのです。

薪を運ぶ時には、薪を運ぶことだけに集中するのです。

本を読む時には、本を読むことだけに専念するのです。

その禅僧は、「薪を運びながら本を読んだりすれば、気が散って集中力が乱れ、仕事はいいかげんなものになり、本を読んでもその内容は頭に入らない。結局は、働くことへの意欲は減り、勉強することへのやる気も失われていく」と言うのです。

今の子供たちは、「音楽を聞きながら、テレビを見ながら、勉強をする」ということもよくあります。大人でも、「電話で誰かと話をしながら、パソコンで書類を作成している」といった人を見かけることもあります。

そういった**「ながら」の習慣が、勉強や仕事へのやる気を損《そこ》ねていないか、**一度反省する機会を作ってもいいと思います。

第４章
自分の性格を変えていく

自分の性格は「変えられない」のか「変えられる」のか？

◆「行動習慣」と「考え方のクセ」を変えれば、性格が変わっていく

「私は何をやるにしても飽きっぽい性格で、すぐにやる気を失ってしまう」という人がいます。

「健康のためにスポーツクラブに入会したが、飽きっぽい性格だから三日でやる気を失ってしまう、今は幽霊会員になっている」という人もいます。

「英会話の勉強を始めようと思ったが、買ってきたテキストを机の上に積んだまま、まだ開いてもいない。本当に私は、飽きっぽい性格だ」という人もいます。

しかし、このように「飽きっぽい性格」を言い訳にしている限り、こういったタイプの人は、何事も長続きせず途中で挫折することになるに違いありません。

おそらく、こういったタイプの人は「自分の飽きっぽい性格は永遠に変えることで

きない」と、心のどこかで思い込んでいるのではないでしょうか。

しかし、ここで大切なことは、**「性格というものは、自分次第で変えることができる」**ということを自覚することです。

アルフレッド・アドラーは、**「人の性格は、普段の行動習慣と考え方のクセの積み重ねによってできている」**と述べています。

つまり、普段の行動習慣や考え方のクセを変えることによって、性格をも変えることができるという意味です。

ここにもアドラー心理学の大切な教えがあります。

・行動習慣を変える

・考え方のクセを変える

この二つのことを心がけることによって、自分の性格を変えることができるのです。

「飽きっぽい性格の自分」を抜け出して、「何事にもやる気満々の自分」に生まれ変わることができるのです。

やる気になったことを、とりあえず「七日間」続けてみる

◆七日続けて「楽に続けられる」ことを実感する

「自分は飽きっぽい性格だ」という人は、たいてい、これまでに「何かを始めては、すぐ放り投げる」という行動を何度も繰り返してきていると思います。それが行動習慣として身についているのです。

また、何をするにしても、「どうせ自分に長続きするはずがない」と思い込んでいます。そういう考え方がクセになっているのです。

これでは実際、何を始めるにしても、やる気が長続きするはずがないのです。

健康のために30分のウォーキングをする気になったとしても、英会話の勉強をやる気になったとしても、身についている「何かを始めては、すぐ放り投げる」という行動習慣と、「どうせ自分に長続きするはずがない」という考え方のクセが出てきて、

途中で挫折することになるのです。

やる気を持続していくためのコツは二つあります。

身についているこの **「行動習慣」** と **「考え方のクセ」** を変えるということです。

そのための方法として、なにはともあれ **「七日間がんばって続ける」** という方法があります。

毎日30分のウォーキングをすることも、英会話の勉強をすることも、最初の七日間はたいへんかもしれません。しかし、七日間がんばれば、精神的にも体力的にも少し楽になってきます。

その段階で、 **「これからまた七日間がんばってみよう」** と考えるのです。精神的にも体力的にさらに楽になり、抵抗感なく続けていけるようになります。

このように短い期間に限ってがんばり、その期間を段階的に積み重ねていくことによって、「何かを始めては、すぐ放り投げる」という行動習慣から抜け出し、「始めたことを、長く続けていく」という新たな行動習慣が身についていきます。

それに従って、「どうせ自分に長続きするはずがない」という考え方のクセも改まり、「自分がねばり強く物事を続けていける」という自信も生まれてきます。

「これまでの習慣を変えたくない」という意識を乗り越える

◆やる気になったことを、新たな習慣として身につける

小説家の山本周五郎《やまもとしゅうごろう》（20世紀）が次のような言葉を残しています。

「一つのことが習慣になると、それを変えることを嫌うのは、人間の普遍的な本能のようなものである（意訳）」というのです。

たとえば、長年タバコを吸っていた人が、禁煙する気になったとします。

しかし、禁煙へのやる気は三日程度で消えて、またタバコを吸い始めてしまったという人も多いようです。

なぜ禁煙がむずかしいのかと言えば、「これまで長年タバコを吸い続けてきた」という習慣を変えることを嫌う心理があるからです。

矛盾するようにも思えるかもしれませんが、「禁煙したい」とやる気になりながら、

一方で「タバコを吸う習慣をやめたくない」という意識が働くのです。

「三日坊主《みっかぼうず》」という言葉があります。

「やる気になっても持続せず、三日目で挫折することが多い」という意味です。

つまり、ちょうど三日目あたりで「禁煙したい」というやる気よりも、「今までの習慣を変えたくない」という意識のほうが強くなってしまうのです。

そのために、三日目で挫折するということになりやすいのです。

しかし、そこでがんばって三日目の壁を乗り越えて、四日、五日と禁煙を続けていけば、「今までの習慣を変えたくない」という意識がだんだんと弱まり、「禁煙したい」というやる気のほうが強くなっていくのです。

ですから**「とりあえず七日間がんばってみる」**ことが大切なのです。

七日間がんばれば、「禁煙したい」というやる気が心の中でかなり定着してくるからです。

そして、さらに二十一日間持続できれば、「タバコを吸わない」という習慣が新たに身についてきた証拠です。

知らず知らずに身についている「悪い考え方のクセ」を直す

◆「自分には無理だ」という考えには何の根拠もないと気づく

心理学に**「認知の歪み」**という言葉があります。

「実際には正しくないことを、自分自身の心の中で正しいことと思い込んでしまう心理」のことを言います。「考え方のクセ」と言ってもいいでしょう。

たとえば、何かやる気になっても、すぐに「自分には無理だ」という考えにおちいっていくタイプの人がいます。

たとえば、ある男性に、好意を感じる女性ができたとします。「彼女にアプローチすれば、もしかしたら僕の恋人になってくれるかもしれない。そうなったらうれしい」と、やる気になります。しかし、そのやる気は一瞬のうちに消えてしまいます。「僕では、どうせ無理に決まっている」という考えに傾いてしまうのです。

また、勤めている会社で、新しい事業についてのアイディアを募集するというキャンペーンが実施されたとします。「私もアイディアを出してみようかな。もしかしたら私のアイディアが採用されるかもしれない」と、一瞬やる気になります。

しかし、次の瞬間には、「でも、私がアイディアを出しても、どうせ無理だ。ボツにされるのがオチだ」という考えにとらわれてしまうのです。

このタイプの人たちが「自分には無理だ」と考えるのは、何か根拠があってのことではありません。

実際には、そのような悲観的な考え方が、知らず知らずのうちにクセになっていることが多いのです。

まずは**自分の中に、そういう「考え方のクセ」があることに気づく**ことです。

気づくことができれば、そのクセを直すことも可能になります。

そして、「自分には無理だ」という考えが心に浮かんだとしても、「ダメでもともとだ。とにかくチャレンジしてみよう」と前向きに考えることもできるようになるのです。

「心の歪み」も解消され、すぐにやる気を失うこともなくなります。

「今日まで生きてきた」だけで、自分はすごい力を持っている

◆自分自身の中の「生きる力」を信じてみる

「僕はダメ人間だ。だから、何をやっても失敗する」

「私は性格が悪い。だから、私を好きになってくれる人なんていない」

と、頭から思い込んでいるタイプの人がいます。

このように、ごく単純に「自分は、こういう人間だ」決めつけて、何かと否定的な考えを導き出そうとする傾向を、心理学では**「レッテル貼り」**と呼んでいます。

何か根拠があって、自分自身に「ダメ人間」「性格が悪い」というレッテルを貼っているわけではありません。

自分でそう思い込んでいるのにすぎないのです。

このような「レッテル貼り」の傾向が強いタイプの人は、何事にも消極的です。自

分に自信が持てず、意欲的に物事に取り組むことができません。

ここで、自分への自信を取り戻すために、参考にしてほしい言葉があります。

小説家の島崎藤村《しまざきとうそん》（19～20世紀）は、

「今日まで自分を導いて来た力は、明日も自分を導いてくれるだろう」と言っています。

自分という人間が今日まで生きてこられたのは、それだけの「生きる力」があったからです。その「生きる力」は、すばらしいものなのです。

今日まで生きてきた、すばらしい「生きる力」を持った強い存在だというだけで、自分は「ダメ人間」などではないのです。

今まで生きてこられたのだから、「性格が悪い」などと考える必要もないのです。

自分自身の中にある、その「生きる力」にもっと自信を持っていいのです。

自信を持つことができれば、その「生きる力」が明るい将来へと自分を導いていってくれるのです。

自分の「生きる力」を信じることができれば、やる気がどんどんわいてきます。

マイナス面ばかりに気を奪われて決断すると、後で後悔する

◆マイナス面とプラス面を総合的に考慮に入れて判断する

あらゆる物事には、プラスの面とマイナス面があります。

何か行う際には、このプラスの面とマイナス面を総合的に判断して決断する必要があります。しかし、あるタイプの人たちは、「マイナス面ばかりに気を取られ、プラス面に目を向けようとしない心理傾向」があります。

心理学では、このような傾向を**「マイナスの心のフィルター**（選択的抽出《せんたくてきちゅうしゅつ》とも言う）」と呼んでいます。

ある女性がつき合っている恋人からプロポーズされました。

彼女とすればうれしく、当初はプロポーズを受ける気でいました。

しかし、結婚にはマイナス面もあると考えたのです。

「独身時代のように、自分の自由な時間が持てなくなる。自由にお金を使えなくなる。ライフスタイルを、これまでのように自分一人で決められなくなる」

「新婚当初は私も仕事を続けられるだろうが、子供ができれば会社を辞めざるを得なくなるかもしれない。仕事を失うのは、私にとっては辛い」

そんなマイナス面ばかりに気を取られるようになり、せっかく結婚する気になっていた気持ちをひるがえし、プロポーズを断ってしまったのです。

しかし、このように「心のフィルター」という心理傾向によって、マイナス面ばかりに意識を奪われて物事を決断すると、後で後悔する結果になることもあるのです。

プロポーズを断った後になって、結婚のプラス面に気づかされるからです。

「愛する人がそばにいることで安心感が得られる」

「夫婦で協力することで、一人ではできないことを実現できる」

といった結婚の**プラス面も考慮に入れて総合的に決断し、自分にとってもっとも幸福な決断を選択する**ことが大切です。

そんな正しい決断をしてこそ、意欲的に人生を築いていけます。

100点満点を目指さないほうが、やる気が持続する

◆「まあまあ、よくできた」で満足する

せっかくやる気になっても、途中で挫折しやすいタイプに、「完璧主義者」がいます。

このタイプの人は、物事は何でも完璧に満足がいくものでなければ気が済みません。

たとえば、あるプロジェクトの会議に出す企画書を作成するとします。

このタイプの人は、裏づけとなる資料を完璧にそろえ、資金面、人員面などでも完璧な企画書を作成しようとがんばります。

しかも、定められた時間の中できっちりと企画書を完成させようとします。

そのように真面目に仕事に取り組もうとする姿勢は必ずしも悪いことではないのですが、もし資料が十分にそろわなかったり、必要な資金が用意できないとわかったり、

あるいは定められた時間までに企画書を完成させることができないとわかると、そのとたんに一気にやる気を失ってしまうのが、この「完璧主義者」の特徴です。

完璧を目指して一生懸命努力するのですが、不満な点が少しでも見つかると、まったくやる気を失ってしまうのです。

「完璧主義者」には、一般的に、このように極端な性格の持ち主が多いようです。

心理学では、「完璧主義者」のこのような傾向を、**「全か無か思考」**と呼んでいます。

このタイプの人は、「１００点満点を取る」ことしか頭にありません。もし満点に一点でも足りなかったら、この人にとっては、それは０点の価値でしかないのです。

しかし、**実際には、この世の中で完璧に完成させることができるものなど何一つないと言っていいのです。**とくに仕事ではそうです。どんなにうまくいった仕事でも必ず「ここが失敗だった」「反省材料が一つ残った」というものが見つかるものです。

ですから、とかく完璧を目指す気持ちが強いタイプの人は、何事にもやる気を失う傾向があります。

したがって、このタイプの人は**「80点で満足する」**ということを心がけることが大切です。そうするほうが、途中でやる気を失うことはありません。

新しい環境には、ゆっくりと慣れていくのがいい

◆早く新しい環境に慣れようと、がんばりすぎない

新入社員がよく陥《おちい》る心の症状に、**「五月病《ごがつ》」**があります。

学校を卒業して会社に入った当初は、誰もがやる気満々です。

「早く一人前の社員になりたい」という思いから、一生懸命になってがんばります。

しかし五月の連休を経た頃から、一気にやる気を失う人がいるのです。

なぜ、そのようなことになるのでしょうか。

会社に入社してから、約一カ月で五月の連休が始まります。結局、この一カ月の間に張り切りすぎてしまって、その反動が五月の連休を終えたあたりから現れるのです。

マラソンのレースで、スタートした当初にあまりにすごい勢いで走っていく選手は、途中で力尽きることになります。それと同じです。

とくに五月病になりやすい人のタイプは、生真面目《きまじめ》ながんばり屋さんが多いと言われています。

会社へ入社した時に限らず、新しい環境に身を移す時には、「早く新しい環境に慣れよう」と、最初からあまりがんばりすぎないことが大切です。

たとえば、人事異動のために新しい部署で仕事を始める人もいます。

転職して、新しい会社へ移る人もいます。新入生として学校に入る人もいます。

そのようなケースでも同様に、最初からがんばりすぎてしまうのではなく、**徐々に新しい環境に慣れていくよう心がけるほうがいい**のです。

そのほうが、途中でやる気を失わずに済むのです。

最初からがんばりすぎてしまうと、新入社員の五月病と同じく、新しい環境へ移ってから一カ月程度でやる気を失うことになりやすいのです。

もし五月病の症状が出てきた場合には、がんばりすぎる自分にブレーキをかけ、少しのんびりした気分で生活するよう心がけるのがいいと思います。

そうすればまた、やる気が復活してきます。

使命感が強い人ほど「燃え尽き症候群」に注意する

◆悩みを相談できる相手を持つ

「バーンアウト・シンドローム」という心の症状があります。

日本語では、**「燃え尽き症候群」**と呼ばれています。

当初、燃え尽き症候群は、新人の看護師が陥る心の症状として知られていました。

一般的に、看護師になろうという人には、「人のためになる仕事がしたい」「苦しんでいる人のために貢献したい」という強い理想があります。新人の看護師は、病院などの現場で働き始めた当初、この理想に燃えて大いにがんばります。

しかし、実際に病人を看護する現場では、思い通りにならないことも多いのです。

自分がいくら努力しても、患者に満足してもらえない場合もあります。それどころか不満を言われてしまう場合も少なくありません。

理想と現実との間に大きなギャップがあるのです。

そして、現場で働き始めて一、二カ月経った頃から、このギャップに落ち込んでいって一気にやる気を失ってしまう人もいます。当初はやる気に燃えてがんばるのですが、途中で燃え尽きてまったくやる気を失うのです。

今、この燃え尽き症候群は、管理職になったばかりの人などにも多く見受けられる心の症状だと言われています。

管理職になったばかりの人は、「部下にとって、いい上司でありたい」「リーダーシップのある上司になりたい」という理想を持ちますが、現実には自分の思いとは裏腹に部下は期待通りには動いてくれません。中には反抗的な態度を示す部下もでてきますし、仕事を怠ける部下も現れます。

この理想と現実のギャップのために、上司がやる気を失うのです。

この燃え尽き症候群への対処法の一つは、**「よき相談相手を持つ」**ことです。

自分が今悩んだり落ち込んでいることを正直に打ち明けることができる相談相手を持つことです。人に相談することで気持ちが楽になり、やる気が復活します。

時間の経過を速く感じるための三つの要件とは？

◆時間が過ぎ去るのを速く感じられるよう工夫する

やる気満々で何かに熱中している時は、時間がすぎていくのが早く感じられるものです。

しかし、集中できなかったり、イヤイヤながら何かをしている時は、時間の経つのが遅く感じられます。

同じ一時間という時間であっても、やる気満々で集中している時と、イヤイヤながら過ごしている時とでは、時間の経過の感じ方に違いが出てくるのです。

これを心理学では、**「心理的時間」**と呼んでいます。

実際の時間とは別に、「心が感じる時間」というものがあるということです。

集中している時には、「心理的時間」は実際の時間よりも短くなる、集中できていない時は「心理的時間」は実際の時間よりも長くなる、ということです。

では、どのような場合に、この「心理的時間」は短くなるのでしょうか。

心理学には、次のような指摘があります。

・やっていることに面白味を感じる。
・適度に困難なことにチャレンジする。
・自分なりの創意工夫を発揮する。

この三つのことを心がけることで、「心理的時間」は短くなるのです。

「心理的時間」は短くする工夫をすることは、物事への集中力を高めることにつながります。また、そのことへのやる気を増進させることにも役立ちます。

その意味で、この三つの要件は参考になると思います。

日常の仕事であっても、料理や掃除といった家事にしても、また勉強や習い事をやるにしても、この三つの要件を心がけることが大切です。

「時間があっという間に過ぎ去った」と感じることが、意欲的にそのことに取り組んでいた証になります。

「多少の困難はあるが、がんばればできる」ことを目標にする

◆適度な困難を伴う目標を設定する

自分の能力ではとてもできそうもない困難な目標を設定しても、実際のところその人はやる気など出ないでしょう。

たとえば、これまで運動習慣がなかった人が、「4年後のオリンピックに出場する」といった目標を掲げても、おそらく明日にはやる気を失ってしまいます。

自分自身が初めから「そんなことは無理だ」と気づいているからです。

「困難な目標」は、かえって人のやる気を削《そ》いでしまうのです。

それでは、努力しないでもできる簡単な目標なら、やる気が出るかと言えば、そうではありません。

たとえば、「地域で行われるマラソン大会の3キロコースに参加する。あれなら小

学生でも参加している。自分にもゴールできるだろう」という簡単な目標を設定してしまうと、「３キロだったら歩いてもゴールまで辿《たど》り着けるから、練習などしなくてもいい」と、かえってやる気をなくしてしまう可能性が出てくるのです。

人をやる気にさせるのは、**「多少の困難はあるが、がんばればできる可能性がある」**という目標です。

そのような「適度に困難な目標」にむかって努力する時、人はもっともやる気になるのです。

マラソンを例にするならば、「10キロマラソンを、時間がかかってもいいからとにかく完走する」という目標であれば、がんばってトレーニングを積めば十分にできる可能性があります。

このような目標設定をすれば、やる気が増すのです。

仕事、あるいはダイエット、貯蓄といったことに関しても、やはり「がんばれば、できる可能性がある」というところを目標にして努力をしていくことが、やる気を高めるために効果的です。

第5章
満足することが、明日の行動力を生む

やる気になったら、すぐに実行するほうがいい

◆「やる気」を先延ばしにしない

やる気を持った時が、行動を起こす絶好のタイミングになります。

「明日でいいや」だとか「これを終えてから始めることにしよう」などといった理由で後回しにしていると、その間にやる気を失ってしまう場合も多いからです。

「思い立ったが吉日」ということわざがあります。

これは、「やる気になったその日が吉日になり、物事はその後順調に進んでいく」という意味です。

「好機逸《いっ》するべからず」ということわざもあります。

これは、「チャンスはそう何度もめぐっては来ないから、今のチャンスを逃してはいけない。やる気になった今がチャンスだ」という意味です。

このようにことわざの中には、「やる気になったら、すぐ行動を起こすことが大事だ」という意味を持つものがたくさんあります。

「やる気になったら、すぐ行動する」ということは、古くから言い伝えられた人間の生きる知恵だったのです。

しかし、これがなかなか実践できない人もいます。とくに「やる気になったことを持続できない」という悩みを持つ人には、このタイプの人が多いのです

アドラー心理学では、その人が持つ「行動習慣」と「考え方のクセ」を重要視します。このアドラー心理学に即して言えば、このタイプの人は、「やる気になっても、先延ばしにする」ということが知らず知らずのうちに「行動習慣」となっているのです。つまり、「考え方のクセ」になっているのです。

「やる気になったことを持続できない」という悩みを解決するヒントがあります。

それは先のことわざにあるように、**「やる気になったら、すぐ動く」**ということを「行動習慣」と「考え方のクセ」にして身に着けてしまえばいいのです。

やる気にならないからこそ、何か「やってみる」ことが大事になる

◆「やる気になったら、やる」などと考えてはいけない

「やる気になったら、やる」という人がいます。

これは、「やる気にならなかったら、やらない」と言っているのと同じです。

「勉強をやる気になったら、勉強する」と言っている学生は、「やる気にならなかったら、勉強なんてしない」と言っているのです。

こんなことを言っている人は、往々にして、いつまで待っても勉強を始めることはできないでしょう。

結局は、「やる気にも、その気にもならなかったから、まだ何もしていない」と言い訳するのがオチなのです。「やる気になってから、やる」などと考えていては、やる気などやっては来ないのです。

やらなければならない勉強があるのなら、とにかく「やる」のです。

「やってみるから、やる気が出てくる」ということもよくあるのです。

勉強する気がなくても、机に座って教科書を開いてみると、不思議にやる気が出てくることがよくあるのです。

オランダの画家、レンブラントは、**「まずは絵筆を持って描いてみなさい」**と述べています。

この言葉も、**「やる気になるのを待つのではなく、まずやってみることを優先する。やってみれば、やる気がわいてくる」**という意味を述べているのです。

絵を描きたいという気になるのを待っていたのでは、いつまでも絵を描かないまま終わるかもしれません。

絵筆を持って、何でもいいから絵を描いてみることで、「次は花の絵を描いてみたい。風景画も描いてみたい」と、やる気がどんどん出てくるのです。

「どうもやる気が起きない」という時は、とにかく行動してみることが大事なのです。行動がやる気を生み出すこともあるのです。

やってみるから、その趣味についての興味が深まっていく

◆「やらず嫌い」では、一つの趣味も持てない

幕末の江戸幕府の実力者、井伊直弼《いいなおすけ》は、「茶の湯」を趣味にしていました。家臣たちとひんぱんに茶会を開き、みずから茶道に関する本を書くくらい、茶の湯に凝《こ》っていたのです。

この井伊直弼は、**「趣味を楽しむ時間がなければ、一日も生きていくことはできない**（意訳）**」**と述べています。

政治を行う人間の生活は多忙です。ストレスも多くあります。そんな生活をやりこなしていくためには、「趣味を楽しむ時間」が絶対に必要だと言いたいのでしょう。

現代社会において、多忙でストレスの多い生活を送っている人の中にも、ストレス解消のため、楽しい時間を作りたいという人もいます。

しかしながら一方で、「これといった趣味を作れないでいる」という人も少なくありません。

「趣味を作りたいと思いながら、趣味ができない」という人の特徴は、「好奇心が薄い」ということです。

人から「こういう趣味をやってみませんか」「こんな趣味があるんですが、チャレンジしてみませんか」と誘われることがあっても、「興味を持てない」という理由で断ってしまうケースが多いのです。

物理学者でありエッセイストでもあった寺田寅彦《てらだとらひこ》（19～20世紀）は、**「興味があるからやるというよりは、やるから興味ができる場合がどうも多いようである」**と言っています。

人から勧められた趣味は、**興味があってもなくても、とりあえずやってみる**ことです。やってみて「これは面白い。もっとこの趣味を深めたい」というやる気が出てくる場合も多いのです。

5分だけ今やっていることを中断し、やる気になったことをする

◆5分だけやってみてから、先延ばしにする

人の心というものは変化しやすいものです。

「やる気」も同じことで、今やる気になっていても、明日になった時にはそのやる気が持続しているかどうかはわかりません。

明日になったら、「まったくやる気がなくなっていた」ということもあるのです。

ですから、**やる気になったら、その場ですぐに実行に移す**ことが大切になってくるのです。

「明日から始めればいい」と先延ばしするのではなく、「すぐ動く」ことで、そのやる気は後々まで持続していきます。

とはいっても、実生活においては、仕事や時間の制約から「やる気になっても、す

ぐできない」という場合も少なくないというのが現実かもしれません。

たとえば、締め切りの迫った仕事をしている時に、「新しくこういう商品を出したらヒットするんじゃないか」というアイディアを思いついたとします。

「このアイディアを実現したい」というやる気がムラムラとわき上がります。

しかし、締め切りが迫った仕事を放りだして、新しいアイディアを実現化するための仕事に取りかかるわけにはいきません。

締め切りをすぎても今やっている仕事が終わらないという事態になれば、取引先や同僚たちに迷惑をかけることになるからです。

こういうケースでは、**「5分なら5分と時間を決めて、やる気になったことを実行する」**という方法があります。

今やっている仕事を5分間だけ中断して、新しいアイディアについてのメモを書いておくのです。そしてまた中断していた仕事を再開するのです。

たとえ5分でもいいから、やる気になったことをその場ですぐに実行しておくことで、その件についてのやる気は失《う》せることなく持続していくのです。

「今日はよく働いた」という満足感が、明日へのやる気になる

◆成果はどうであれ、今日の自分に満足する

明治、大正、昭和の実業家、大倉喜八郎《おおくらきはちろう》（19世紀）が次のような言葉を残しています。

「今日はよく働いたと夕方になって満足することほど、私にとって大きな楽しみはなかった」というものです。

この言葉は、日々新鮮なやる気を持続して暮らしていくためには、「満足する」ということがいかに大切かを教えてくれます。

大倉喜八郎の言葉にある「今日はよく働いた」という満足感は、きっと明日へのやる気につながっていくものでしょう。

しかし、人によっては、どんなに一生懸命になってよく働いたとしても、満足感を

得られないタイプの人もいます。

このタイプの人は、自分の努力に満足するどころか、「自分にはまだまだ努力が足りない。がんばろうと思えば、もっとがんばれたはずだ」と自己卑下《ひげ》してしまいます。「自分に厳しい」「完璧主義」「真面目ながんばり屋さん」といった性格が強い人には、こういったタイプが多いと言われています。

しかし、来る日も来る日も、「まだまだ、もっと」と自分を卑下し続けたらどうなるでしょうか。どこかで力が尽きて、「もうこれ以上がんばれない」という状態に陥っていくことが明らかです。

そうなる前に、「満足する」ということの大切さを学ぶことが大切です。

まずは「今日一日、一生懸命生きる」ということを目的にします。

時には、いくらがんばっても、思い通りの成果が出ない日もあります。不満が残る日もあります。しかし、成果はともあれ、今日という日を一生懸命に生きることができたなら、「よく働いた」と満足するように心がけるのです。

その満足感が「明日へのやる気」につながっていくのです。

自分の人生に満足できるかどうかは「自分しだい」で決まる

◆満足することは、精神に大きなエネルギーをもたらす

古代中国の思想書である『老子《ろうし》』（紀元前6世紀頃）に、**「足《た》るを知る者は富《と》む」**という言葉があります。「足る」とは、「満足する」という意味です。

「富む」とは、お金が儲かるとか、家が裕福になるという意味ではありません。**「心に大きなエネルギーが満ちあふれた状態になれる」**という意味です。心にエネルギーが満ちあふれているからこそ、人生を意欲的に生きていけます。

すばらしい夢を持ち、その夢に向かって前向きにイキイキと生きていけます。

どんどん新しいことにチャレンジして、自分の人生の可能性を大きく広げていくことができるのです。

そのエネルギーの源泉になるものは「足るを知る」、つまり「満足すること」だと言っているのです。

満足する心を持ってこそ、充実した人生を実現できるのです。

人によっては、「満足しろと言われても、給料は少ないし、暮らしている家はオンボロだ。こんな人生に満足するのは無理だ」と言う人もいるかもしれません。

しかし、そのように不満を述べ立てていたら、前向きに生きていく気力がどんどん失われていきます。

アドラー心理学の大切な教えの一つは、**「すべては自分しだい」**ということです。

自分の人生に満足するかどうかも「自分しだい」です。

「給料が安くても、仕事があるだけで幸せだ」

「家はオンボロでも、家族と団らんできる家があるだけで十分だ」

と考えることができれば、それだけで大きな満足感が得られるのです。

そして、その満足感は「がんばって生きていこう」というやる気へとつながっていくのです。

「お金」より「いい仕事をする」ことを重視する

◆「いい仕事をしたい」という思いが、やる気を持続させる

フランスの女性ファッションデザイナーであるココ・シャネルが、次のような言葉を残しています。

「お金が欲しいという欲望から始まって、次により良い仕事をしたいという意欲にかられる。そして、より良い仕事をしたいという意欲は、お金をたくさん得ることよりも、もっと強い興味の対象となってゆく」

「お金を欲しい」という思いは誰にでもあると思いますが、それが仕事への意欲ややる気につながっていくのは事実です。

心理学では、「お金のために、がんばる」という心理を、**「外発的動機《がいはつてき》づけ」**と呼んでいます。お金とか、あるいは地位、名誉、権力といった、いわば外面的な価値を得

るためにやる気になるという心理です。

一方で、シャネルの言う「より良い仕事をしたいという意欲」は、心理学では**「内《ない》発的《はってき》動機づけ」**と呼んでいます。

これは、人間の内面からわき出てくる意欲を意味した言葉です。

心理学では「外発的動機づけ」は長続きしないと言われています。

最初のうちは「お金が欲しい」という一心でがんばっていくのですが、ある程度のお金を得た段階で目標を見失い、やる気を失うことになるケースが多いのです。

一方で、「内発的動機づけ」には、持続性があります。内面からわき上がってくる意欲は、金銭や名誉といったものに関わらず、その人の心の中でずっと持続するのです。

ココ・シャネルは、この言葉で、

「お金といった『外発的動機づけ』よりも、より良い仕事をしたいという『内発的動機づけ』を重視していくことが重要だ」と述べているのです。

つまり、「大切なのは、お金よりも、いい仕事をすることだ」という意味です。

そういう気持ちを持てば、いつまでも仕事へのやる気を失うことはありません。

新しいことにチャレンジし、いい成果を出していく

◆働きがいは「挑戦すること」から生まれてくる

人にやる気をもたらしてくれるものに**「向上心」**があります。

向上心とは、「よりすぐれたもの、より高いものを目ざして努力する心」という意味です。心理学では、この向上心は、「自分が何を目指しているか」によって、そのやる気の度合いに変化が出てくることが知られています。

ところで、人は働く時、いったいどんなことを目指して働いているのでしょうか。

心理学では、それを**「職務満足」**だと説明しています。広い意味で「仕事上で満足感を得ること」です。さらに、その満足感とはどのようなものかを詳しく見ていくと、次のようなことが掲げられます。

①新しい仕事にチャレンジし、いい仕事をやり遂げること。

②社内で自分の努力を認めてもらうこと。
③責任ある仕事を与えられること。
④努力と実績に合わせて、昇進していくこと。
⑤仕事を通して、自分が成長していることを実感できること。
⑥健康的な環境のいい職場で働くこと。
⑦職場の人間たちが協力的であること。
⑧自分に合った仕事ができる環境にあること。
⑨自分の望む給料を得られること。

これらは、全て人間の向上心を高める原動力となります。しかし、もっとも人間の向上心を高めるものは、①の**「新しい仕事にチャレンジし、いい仕事をやり遂げること」**だと言われています。

「新しい仕事にチャレンジする」こと自体に、人は強いやる気を感じます。そして、いい結果が出れば、「さらにまた新しいことにチャレンジして、もっといい仕事をやり遂げたい」という強い向上心が生まれるのです。これは、職場で働く人が「働く意味」を考える上で参考にできると思います。

旺盛なチャレンジ精神が、若々しいやる気を生み出していく

◆いつまでもチャレンジ精神を持ち続ける

考えてみると、人間の歴史は、たえず新しいことにチャレンジすることだったように思います。

海を渡って未知の大陸を発見し、そしてロケットを開発して宇宙へも飛び出していきました。

電話を発明し、蓄音器を開発し、自動車を作り出し、テレビやパソコンなど新しい商品と技術を次々に生み出していきました。

人間はなぜこんなにも新しいことにチャレンジすることが好きなのでしょう。人はなぜ進歩を止めることなく、新しいことにチャレンジし続けているのでしょうか。

それは**「新しいことにチャレンジすること」に強い働きがい、やりがい、生きがい**

が感じられるからだと思います。

仕事でも、プライベートでも、意欲的に生きている人に共通してあるのは、この「チャレンジ」精神です。

仕事では、今まで誰も見たことがないような新しい商品を生み出そうとがんばります。

これまでなかったサービスを提供しようと頭をひねります。

プライベートでも、四十歳をすぎてから新しい勉強を始めたり、五十歳をすぎてから新しい趣味に挑戦したりします。

このように公私両面に渡って大いにチャレンジ精神を発揮している人は、それだけ多くの働きがい、やりがい、生きがいを持っているのです。

この**「～がい」**が、**その人の生命力を活性化させます**。そして、新しいことにチャレンジしていくやる気に火をつけるのです。

チャレンジ精神を持ち続ける限り、その人はいつまでも若々しい意欲を生み出していけます。

失敗を怖れず、「成功したい」という気持ちを強めていく

◆「失敗したら失敗した時のことだ」と楽観的に考える

新しいことにチャレンジしていくことが、やる気を高めます。

しかしながら、そこにはマニュアルも確実な成功法則も何もありません。

すべてを手探りの状態で進めていかなければなりません。

当然のことながら、試したことが失敗することも数多くあります。

しかし、失敗することを怖れていたら、そもそも新しいことをチャレンジすることなどできないのです。もちろん、強い意欲もわいてはきません。

人には二つの心理が働いています。

一つには、「成功したい」という気持ちです。

これを心理学では、**「成功達成欲求」**と言っています。

もう一つには、「失敗したくない」という気持ちが働いています。

これを心理学では、**「失敗回避欲求」**と呼んでいます。

この「成功達成欲求」と「失敗回避欲求」は、誰の心にもあります。

ただし、人によっては「失敗回避欲求」よりも「成功達成欲求」のほうが勝《まさ》っており、また別のタイプの人は「成功達成欲求」よりも「失敗回避欲求」のほうが強いのです。

心理学では、「成功したい」という気持ちよりも「失敗したくない」という思いのほうが強いタイプは、物事に消極的でチャレンジ精神が弱いと言われています。

一方で、「失敗したくない」という思いよりも「成功したい」という気持ちのほうが勝っているタイプは、何事に対しても意欲的でチャレンジ精神が旺盛なのです。

失敗することを怖れれば怖れるほど、「成功したい」という気持ちが弱まっていきます。

失敗することに対してもう少し楽観的な気持ちを持てば、「成功したい」という気持ちが強まり、強いやる気とチャレンジ精神が生まれてきます。

プライベートの生活でも「締め切り」を作ってがんばっていく

◆目標には、必ず締め切りを設定する

やる気を高めるテクニックの一つに、「締め切りを明確化する」ということがあります。

「締め切りはない。時間はどんなにかかってもいい」という状態では、気持ちがたるんでしまって、やる気は高まりません。

「いついつまでに」という締め切りがあるから、「それまでに間に合うよう、がんばろう」という気持ちが起こるのです。

心理学では、これを**「締め切り効果」**と言っています。

仕事などでは、多くの場合、初めから締め切りが設定されているものです。

プライベートの生活でも、締め切りを作っておくほうがいいと思います。

「三十歳になるまで、必ずいい人を見つけて結婚する」
「夏までに、がんばって3キロやせる」
「今年じゅうに、貯金が額を今の倍に増やす」
「今日中に、友人に手紙の返信を書く」
「贈り物をもらった時は、少なくとも三日以内にお礼の連絡を入れる」
「今週中に、この本を読み終える」

といったようにです。

目標にすることには、このように自分なりの締め切りを設定しておくことで、やる気が高まるのです。

ただし、二つほど注意点があります。

・無理な締め切りの設定はしない。
・締め切りを遠い未来に設定しない。

この二つは、かえってやる気を奪う原因になります。

第6章
生きる自信を身につけていく

「生きる自信」は、みずから意識的に作り上げていくものだと知る

◆「生きる自信」が生まれてくるのを待っていてはいけない

人生を有意義に生きていくためには、「自分に自信を持つ」ということがとても重要な条件になってきます。

自分への自信があってこそ、何事にも意欲的に取り組んでいけるのです。

自信を持てない人は、すぐにやる気を失ってしまいがちです。

アルフレッド・アドラーは、

「すべての人の人生の目的は、すぐれたことを成し遂げるということだ。しかし、自分への自信を失ったとき、その人の人生は生産的なものから非生産的な方向へと転じてしまう」と述べています。

「生産的な人生」とは、「生きることに意欲的に取り組み、大きなことを成し遂げた

り、すばらしい作品を創造したり、つまり自分の夢を叶えていく人生」という意味です。「非生産的な人生」とは、「生きることにやる気を失い、実りあることを何一つ創り上げることができない人生」という意味です。

人間にとって幸福なのは、もちろん「生産的な人生」を生きることです。

そして、アドラーでも、「生産的な人生」の原動力となるものは、「自信」だと言っているのです。

ここで考えなければならないのは、**「自信」とは、どこかよそからもたらされるものではない**ということです。

「自信」とは、みずから気持ちの持ち方や行動によって、意識的に作り上げていくものなのです。

自分の中に「生きる自信」が生まれてくるのを、ただぼんやりと待っていてはいけないのです。

自分のほうから積極的に「生きる自信」を創り上げていかなければならないのです。

その努力をしている人が、「やる気に満ちあふれた人」とも言えるのです。

今持っている才能や能力の「上手な使い方」を知る

◆「平凡な人間でも偉大なことを成し遂げる方法がある」と知る

「持って生まれた特別な才能がない」

「私は飛び抜けた能力に恵まれていない」

といった理由を上げて、「だから、そんな自分に自信を持てない」と言う人がいます。

しかし、「人が何を持って生まれたかは関係ない」というのが、アドラー心理学の教えの一つです。

大切なのは、**「自分に与えられたものを、どう使うか」**なのです。

「特別な才能」などなくてもいいのです。

「ありふれた才能」があればいいのです。

というのも、「ありふれた才能」の持ち主であっても、人を驚かせるような画期的なことを成し遂げることは十分に可能だからです。

「飛び抜けた能力」に恵まれていなくてもいいのです。

「普通の能力」があれば十分です。

「普通の能力」であっても、大きなことを成し遂げる方法はたくさんあるのです。

小説家であり編集者でもあった菊池寛《きくちかん》は、**「富士山には平凡な人でも登れる**（意訳）**」**と言っています。

この言葉にある「富士山」とは「偉大なこと」を意味しています。

つまり、「平凡な人間でも、偉大なことを成し遂げることはできる」という意味を述べているのです。

菊池寛も、やはり、「持って生まれた特別な才能や能力が大切なのではなく、自分に与えられた才能や能力をどう使っていくかが重要だ。たとえ平凡な才能や能力であっても、うまく使えば、偉大なことを成し遂げられる」と確信しているのです。

自分に与えられた才能や能力の「上手な使い方」を知ることが、生きる自信になります。そして、その自信が「大きなことをやってやる」というやる気になるのです。

「ひらめき」が自信をもたらすのではない、「努力」が自信を作る

◆「才能よりも、それを生かす努力が重要だ」と知る

平安時代の中期、関東の武将だった平将門《たいらのまさかど》の生涯を描いた『将門記《しょうもんき》』に、**「愚かな人間は、せっかく持って生まれた才能に恵まれていても、それを生かす努力をしないまま終わる**（意訳）」という言葉があります。

平凡な才能しかない人は、そんな自分のことを嘆《なげ》きます。そして、才能に恵まれた人を羨《うらや》ましく思います。しかし、すばらしい才能に恵まれていても、それを生かす努力をしない人は、大きなことは何一つ成し遂げることはできないのです。人の才能は、その人の「努力しだい」で生きるのです。

その才能が、すばらしいだとか、特別だとか、あるいは平凡だとか、ありふれているといったことは関係ないのです。

自分が今持っている才能を生かすために自分がどう努力するかが大切なのです。

発明王のエジソンは、**「天才とは、１パーセントのヒラメキと、99パーセントの汗である」**という有名な言葉を残しています。

「ヒラメク」ということは、「すぐれた能力に恵まれている証し」です。ただし、エジソンは「ヒラメキ」は「１パーセントの価値しかない」と言っているのです。

つまり、「いくら優れたヒラメキであっても、努力がなければ大成しない」ということでしょう。

この言葉にある「汗」とは、「ヒラメキを生かす努力」を意味しています。

「その努力のほうが99パーセントの価値がある。つまりずっと重要だ」と述べているのです。

たとえ平凡な人間のヒラメキであっても、それを生かすために一生懸命に努力すれば偉大なことを成し遂げられる可能性もあります。

その努力が生きる自信となり、新たなことにチャレンジする意欲を生み出します。

「自分が向いているもの」を知り、それに従事できるよう努力する

◆自分の能力が適しているものをやって、自身をつける

真言密教の開祖、空海《くうかい》（8～9世紀）は、次のようなことを述べています。

「自分が持っている能力に適していることをする時には、すべてのことがうまくいく。しかし、自分の能力が適していないことをする時には、苦労ばかりが多くて得られるものは少ない」というのです。

人の能力には向き不向きがあります。

人間にはそれぞれ得意とするもの、不得意とするものがあります。

「人づき合いがうまいが、一人でコツコツやる作業が苦手だ」という人もいると思います。

「頭がいいけど、手先を動かすのは不器用だ」という人もいます。

大切なことは「自分は何に向いていて、何に向いていないか」ということを自分自身でよく知っておくことです。

できるだけ「自分に向いているもの、自分の能力を生かせること」に従事して生きていけるように努力することが大切です。

自分に向いているものに従事できれば、すべてがうまくいきます。自信もつきます。やる気もどんどん増していきます。

しかし、自分の向いていないことをやっても、苦労ばかりが多くて得られるものは少ないという事態になりやすいのです。

これでは生きる自信を得るどころか、かえって自信を失っていくことになります。

やる気もわいてはきません。

もちろん人生は自分の思い通りにならないこともあります。いろいろな事情で、自分が向いているものに従事できない場合もあります。そういう場合、やってみると意外に、向いていると思うこともあります。

何事も、まずやってみることです。

やってみて、やる気が出てくることもあるのです。

試行錯誤を経て、「自分を生かせること」を見つけ出す

◆いろいろなことにチャレンジし、様々なことを経験する

「自分は何に向いているか」

「自分の能力が適しているものは何か」

ということは、じつは、そう簡単に理解できる問題ではありません。

人は初めから「自分に向いていること」「自分の能力を生かせるもの」を正しく理解しているわけではありません。

「こんなことは自分には向いていない」と思えていたことであっても、実際にやってみると非常にうまくいくという場合もあります。

反対に、「自分の能力を生かせるのは、この分野だ」と思っていたことであっても、やってみるとまったくダメだったということもあります。

コメディアンの坂上二郎さんは、若かった頃、「自分は歌手になりたい。歌を歌うことが自分の天職だ」と信じていました。実際に歌がうまくＮＨＫの「のど自慢」で優勝したのをきっかけに、プロの歌手になることを目指して東京にやってきました。

しかし、うまくいきません。歌手としては食べていけず、様々な職業を転々としながら、ある漫才師の鞄《かばん》持ちになります。それがきっかけでコメディアンとしての仕事をするようになり、萩本欽一さんと知り合ってコント55号を結成し大成功するのです。

坂上二郎さんは当初、「自分がコメディアンとして成功するなど夢にも思っていなかった」と言います。

結局は、彼はいろいろなことにチャレンジして、様々なことを経験しながら「自分に向いていること」「自分の能力を生かせるもの」を見つけ出していったのです。

その努力を意欲的に続けていける人が、最終的に「自分の天職」を見つけ出すことができるのです。

それを見つけるまで、あきらめないことが大切です。

やりたいことを持ち、それを実現していく努力をする

◆人から指示されるのを待つだけの生き方はしない

心理学に「自己決定感《じこけっていかん》」という言葉があります。

「自分の行動を他人に決定されるのではなく、自分自身で決定していることを実感できること」を意味します。

この「自己決定感」が強い人は、何事にも積極的で、意欲的に自分の人生を切り開いていくことができます。しかし、一方で、この「自己決定感」が弱い人は、消極的で、やる気のない生活を送ってしまいがちなのです。

たとえば、子供を例にしてみます。

先生から「こうしなさい。ああしなさい」と言われないと動けない子供がいます。

また、周りの子供たちがやっていることを、ただ真似してやっているだけの子供も

います。自分から「こんなことがしたい」と自己主張することはありません。そんなタイプの子供は「自己決定感」が弱く、勉強や運動、友人関係、また学校での行事などすべてに関して消極的でやる気を見せません。

一方で、先生から何か言われなくても、自分でやるべきことを見つけ出してやっていく子供がいます。自分から積極的に、やりたいことを発言する子供がいます。

こういうタイプの子供たちは「自己決定感」が強く、勉強などすべてに渡って積極的で意欲的です。

このような傾向は子供ばかりでなく「大人」にもあるのです。

誰かから「こうしてください」と指示されるのを待ってばかりいて、自分から言い出そうとしないタイプは「自己決定感」が弱く、やはり仕事、私生活、趣味、ボランティア、人間関係など、すべてに関して消極的でやる気を見せないことが多いのです。

そういうタイプの人は、**自分がやりたいことを持ち、それを実現するためにみずから積極的に働きかけていくような生き方をする**ことが大切です。

そうすることで「自己決定感」が強まり、何事にも意欲的に取り組めます。

思い通りにならない中でも、思いを実現する努力を続ける

◆「状況は変えられる」と信じて、がんばっていく

自分では「こういうことをしたい」と思っていても、周りの環境がそれを許してくれない、というケースがあります。

また、周囲からの要請で、自分が「やりたくないこと」をしなければならない、という場合もあります。

そのような状況に直面した時は、当然、思い悩むことになります。

これを心理学では**「社会的ジレンマ」**と呼んでいます。

たとえば、職場では、部下は上司の命令に従っていかなければなりません。

自分がやりたいことがあっても、上司から却下されればできません。

また上司から、やりたくない仕事を命じられることもあります。

ただし、そういう状況があるからといって、自分がやりたいことを実現するのを１００パーセントあきらめてはいけないのです。上司から指示や命令を受けるのをただ待っているというような働き方をしていると、やる気が起きません。

そういう態度でいると、心理学でいう「自己決定感」が弱まって、仕事のみならず、プライベートの生活でも、自分らしく生きていこうという意欲を失っていくことになります。

大切なことは、**たとえ「思い通りにならない状況」の中でも、そこで自分がやりたいこと、自分の希望や夢、志といったものを実現していく努力を続けていく**ことです。

与えられた仕事の中で、自分の意志を少しでも取り入れていくということです。

その努力が「自己決定感」を強め、生きる意欲を生み出すのです。

アドラー心理学には、「自分しだいで、状況は変えられる」という考えがあります。

自分がやりたいことを実現するための努力を続けていけば、いつかは必ずチャンスがめぐってくるということです。

周りの人たちに自分を知ってもらうことで、チャンスが広がる

◆自分がどういう人間かを公表する

生きる意欲に満ちあふれている人は、積極的に、

「私は、こんな夢を持っているんです。夢を実現するために今、こんな努力をしています」

「自分の得意分野は、このようなものです。もし自分の能力や知識を生かせるようなものがあったら、ぜひ自分に任せてください」

といったように、自分の希望や能力といったものを周りの人たちに開示する習慣を持っています。

心理学では、これを**「自己開示《じこかいじ》」**と言っています。

自分自身の気持ち、希望、能力、経験、趣味といったことを周りの人たちへ公表す

ることを意味します。

「自己開示」には、二つの心理効果があります。

一つには、**「公表する」ということで、やる気が増す**という効果があります。

「私は難関の○○大学にチャレンジます」

「僕は来年、ヨーロッパ旅行に行きます」

このように目標としていることを、自分の胸の内にしまっておくよりも、周りの人たちに公表するほうがやる気が増すのです。

もう一つには、**「自分とはどういう人間か。自分は何を目指しているか」を周りの人たちに知ってもらうことで、周りの人から援助が得られやすくなる**ということです。

つまり、周りの人たちの中から、

「ならばこれをあなたに任せます」

「いい情報があるから教えてあげます」

と言ってくれる人が現れるのです。

ですから、人生のチャンスが広がり、それがさらなる意欲につながります。

自身がない人ほど他人に助けを求められないで、一人で悩む

◆一人で解決できないことは、他人に助けを求める

自分だけでは解決できないような困った事態に直面した時、自分に「自信がない人」ほど、周りの人たちに素直に「助けてください」と言えない傾向が強くあります。

人は、他人に「助けてほしい」と援助を要請した場合、相手からどう思われるかということを考えます。

また、そのことで自分はどういう立場に立たされるかということを考えます。

そのことを心理学では、**「要請コスト」**と呼んでいます。

周りの人たちに助け舟を出してもらえれば、それだけ自分は助かります。

しかし、そのことで犠牲を払わなければならなくなるかもしれません。

この、自分が得る利益と、払う犠牲とを計算し、周りの人たちに助けを求めるかど

うか判断するのです。

では、「払う犠牲」は何かと言えば、それは、

「周りの人たちから無能な人間だと思われる。プライドを傷つけられる」

「自分の評価が下がる。今の立場が危うくなる。将来性がなくなる」

「恥をかく」

「助けてもらった相手に、この先頭が上がらなくなる」といったことです。

自信がない人ほど、このような「要請コスト」を強く意識する傾向が強いのです。

そのために、周りの人に助けを求めることをやめてしまう人もいます。問題を一人で抱え込み、どうしようもない状態にはまり込んで、最後には「問題を解決する」ということ自体にやる気をなくしていくのです。

「自信がある」人は、他人に援助を求めることで、「恥をかく」「無能な人間だと思われる」「評価が下がる」といったことを気にはしません。

自分に自信を持ち、困った問題に直面した時は、余計な心配はせず、素直に助けを求めることが大切です。そうしないと、ますます「やる気のない自分」が出来上がっていきます。

苦労する経験によって、生きる意欲がさらに大きくなっていく

◆「この苦労が自分を強くしている」と信じる

人間にとって「苦労を経験する」ということは、とても貴重な財産になります。

アメリカの政治家で著述家でもあったベンジャミン・フランクリン（18世紀）は、**「寒い冬を耐えてきた樹木は、春になってよく育つ。それと同じように、苦労を経験してきた人間は、人間的により強く成長する」**という言葉を残しています。

一度苦労を経験した人間は、次にまた人生の逆境や試練に直面した時に、精神的にうろたえることはありません。

「私は、あれだけの苦労を乗り越えてきた人間だ。したがって今度の逆境や試練にも負けることはない」と、自信をもって考えることができるのです。

また、「今度も乗り越えていってみせる」と、やる気満々で逆境や試練へ立ち向

かっていけるのです。

小説家の太宰治《だざいおさむ》は、**「人間の究極のプライドの立脚点は、辛く苦しい経験をしてきたことにある**（意訳）**」**と述べています。

辛く苦しい体験を数多くし、その度にそれを乗り越えていくことによって、その人は自分自身に強いプライドを持つことができます。

そして、そのプライドを力にして、これからも人生を意欲的に切り開いていくのです。

何の苦労もすることなく育ってきた人には、そのようなたくましさはありません。

ちょっとした困難に直面すると、すぐにやる気をなくして逃げ出してしまいます。

その意味では、**「苦労を経験する」ということをネガティブに考えることはありません。**

今経験している苦労によって、これから将来的に経験するであろう苦労を、やる気をもって乗り越えていけると考えることができるからです。

「人と同じことをやる」よりも「人と違うことをやる」のが賢い

◆「誰もやっていないこと」をやって、やる気をかき立てる

アルフレッド・アドラーの言葉に、次のようなものがあります。

「長男は勉強、次男は運動、末っ子は読書といったように、兄弟間では、それぞれ得意分野が異なってくるものだ。それには理由がある。それぞれが違う分野で認められようとするからだ」というものです。

長男はとても勉強ができたとします。自分がそんな長男に勉強で勝つことを目指しても、なかなか追いつけない場合が多いのです。

その結果、「いくらがんばっても、勉強では長男に勝てない」と、次男はやる気をなくしていくことになりやすいのです。

そうなることが無意識のうちにわかっているので、次男は勉強ができる長男に対し

て、「僕は運動をがんばろう。運動で長男に勝ってやる」と考えるのです。

そのほうがやる気が高まるからです。

また、末っ子も、長男や次男が得意としているもの以外のことで、自分の能力を伸ばしていこうと考えます。

末っ子は、それが途中でやる気を失わずに済む賢い生き方だと理解しているのです。

このアドラーの指摘は、ある人生法則を気づかせてくれます。

それは、**「大活躍して脚光を浴びている人が身近にいた場合、その人と同じことをして対抗することを考えるよりも、その人と違うことをやって対抗するほうが賢い」**ということです。

「人と同じことをやる」よりも、「人と違うことをやる」「人がやっていないことをやる」ほうが、やる気が増すのです。途中でやる気を失う危険も減るのです。

また、努力が成果に現れやすいのです。

成果が現れることで、いっそうやる気が増していくのです。そして、成功のチャンスも広がるのです。

第7章
勇気と活力とを発揮する

旺盛な好奇心が「生きる意欲」を作り出していく

◆困難を乗り越えた先に見える「すばらしい将来」を想像する

アルフレッド・アドラーは、

「正常な人は、人生の課題と困難がやってきた時に、それに対処するために十分なエネルギーと勇気を持っている」と述べています。

言い換えれば、この「エネルギーと勇気」が不足していると、人生の課題と困難がやってきた時に、やる気を失いヘナヘナとなってしまいやすいのです。

ではどうすれば、「十分なエネルギーと勇気」を得ることができるのでしょうか。

これは日常生活の中で、ちょっとした工夫と心得を持つことで得られます。

たとえば「生きていくエネルギー」を作り出すために大切な要素となるものに**「好奇心」**があります。

「こんなことを試したら、うまくいくのではないか」

「これを解決したら、どんな世界が待ち受けているのだろう」

「この先、自分の人生には何が待ち受けているんだろう」

そんな好奇心が、人生の課題と困難を乗り越えていくエネルギーを創り出していくのです。

小説家の森鷗外《もりおうがい》は、**「未知の世界への好奇心が僕を刺激する**（意訳）**」**と述べています。

「刺激する」とは、「生きるエネルギーを活性化させる」ということです。

人生の課題と困難にぶつかった時は、それを乗り越えた先に見える「すばらしい自分の将来」がどんなものか想像してみるのです。

そうすれば、自分の中に「未知の世界への好奇心」があふれ出します。

そのエネルギーが、人生の課題と困難を乗り越えるために必要な「生きる意欲」を作り出していくのです。

夢や願望が叶った時の自分をイメージする

◆喜ばしいイメージが、やる気をかき立ててくれる

やる気を出すテクニックの一つに、**「自分の将来をイメージする」**というものがあります。

夢や願望が叶った時のことをイメージして、それをやる気につなげるのです。

弁護士志望の若者がいました。

司法試験は難関なことで知られています。がんばって勉強しなければなりませんし、がんばったからと言って必ずしも合格できるとは限りません。

「本当に自分は合格することができるのか。今やっている勉強がすべてムダになってしまうこともあるのではないか」という不安から、彼は何度も心が折れそうになりました。

そんな彼にとって、折れそうになる心の支えとなり、勉強へのやる気をかき立てることに役立ったのが、「自分の将来をイメージする」ということだったのです。

「弁護士になって活躍している自分」

「弁護士として人のためになることをして、大勢の人から感謝されている自分」

といった自分の将来をイメージすることで、「やってやるぞ。がんばるぞ」という強い意欲がわいたのです。

何事に対してもやる気に満ちている人には、このように、いいイメージを抱くことがとても上手いのです。

私は、これを**「将来の先取り」**とも呼んでいます。

プロ野球の長嶋茂雄さんは、現役時代、大きな試合の前には、「ヒットやホームランを打って、観客に喝采《かっさい》を浴びている自分」をイメージしていたと言います。いいイメージを抱くことで、「よし、やってやるぞ」という闘志ややる気へとつながったのです。

これも「将来の先取り」と言えます。

「楽しいことを楽しむこと」が心の活力を生み出す

◆自分なりの「楽しい時間」を作る

心に活力が満ちている人は、何事に対してもやる気満々です。仕事にも意欲的に取り組みますし、仕事以外の遊びや人間関係に関してもとても積極的です。

一方で、心の活力が不足している人は、仕事にも仕事以外のことにも消極的です。

イタリアのことわざに、**「ベッドのシーツをすり減らす人よりも、靴《くつ》をすり減らす人のほうが幸せだ」**というものがあります。

「ベッドのシーツをすり減らす人」とは、「心の活力が不足している人」を意味します。何事にもやる気が起こらず、いつもベッドの上でゴロゴロしているのです。そのためにベッドのシーツがすり減っていくのです。

このような無気力な生き方は、本人にとって決して幸せなことではありません。

「靴をすり減らす人」とは、「心に活力が満ちている人」を指しています。

このタイプの人は、精力的に活動するために、すぐに靴がすり減っていくのです。

人間にとっては、活動的であるほうが、生きていく幸せを実感できるのです。

では、どのようにして心に活力を注入すればいいのでしょうか。

その一つの方法は、**「心から楽しいと感じられるものを持つ、それを楽しむ時間を作る」**ということです。

「楽しいと感じられるもの」は、人それぞれです。

「ダンスをするのが楽しい」「自分にとっては、釣りをしている時間が楽しい」「歌を歌っている時が、私には一番楽しい」など、人によっていろいろあると思います。

そのような「楽しいこと」を自分なりに持ち、それをする時間を日常生活の中に取り入れていくのです。

楽しいことをしていると、その人の心の中には新しい活力がどんどん生み出されていきます。そして仕事にも何事にもやる気満々で立ち向かえるようになります。

無気力な人は、そんな「楽しいこと」を何一つ持たない人が多いのです。

ポジティブな言葉の力によって、心をやる気にする

◆悪い状況でも、ポジティブな言葉を口にする

心に大きなやる気をもたらしてくれるものに「言葉」があります。

いつもやる気に満ちあふれ、元気一杯で生きている人には、日常生活の中で「言葉の力」を上手に利用している人が多いのです。

日本には古くから、言葉には**「言霊《ことだま》」**があると言われてきました。

「言霊」とは、「言葉に宿る神秘的な力」を表しています。

ある言葉を口にすると、その人の心は、その言葉の持つ「言霊」によって大きな影響を受けるのです。

「言霊」の力によって、心にやる気や元気を与えることもできるのです。

ここで大切なことは、**「ネガティブな言葉を口にしない」**ということです。

もう一つは、**「ポジティブな言葉を口にすることを習慣にする」**ということです。

というのも、言葉は、いい意味でも、悪い意味でも、その人の心に影響を与えてしまうからです。

たとえば、「やってられない」「もうダメだ」「つまらない」といったネガティブな言葉を口にすると、その人の心には悪い影響がもたらされます。

思い通りにならない時、気持ちが落ち込んだ時、つい口にしてしまう言葉ですが、このようなネガティブな言葉を口にすると、ますますやる気がなくなっていくばかりです。

ですから、どのような状況であれ、**「自分ならできる。乗り越えられない壁はない」「本番はこれからだ。いよいよ面白くなってきた」「明るい未来が待っている。未来が楽しみだ」**といったポジティブな言葉を口にする習慣を作ることが大切です。

ポジティブな言葉は、その人に心に前向きな、明るい、希望に満ちたやる気を生み出してくれます。

時には「うぬぼれ」が、強いやる気をもたらす

◆口先だけの「うぬぼれ」で終わったら意味がないと知る

幕末（19世紀）の政治指導者に、高杉晋作《たかすぎしんさく》がいます。

彼は、**「私は、自分へのうぬぼれだけで生きてきた**（意訳）**」**と述べています。

それは、

「自分は偉大なことを成し遂げることができる人間だ」

「自分は時代に大きな変革をもたらす仕事をする人間だ」

「自分には大勢の人をまとめて導いていく強いリーダーシップがある」

といった、うぬぼれだったのです。

高杉晋作は、このような自分へのうぬぼれを強いやる気につなげて、本当に偉大なことを成し遂げた人物であったとも言えるのです。

このように、時に「うぬぼれ」がその人に強いやる気と、困難を乗り越えるエネルギーを与えてくれます。

その意味では、自分の力を過小評価してやる気をなくしてばかりいるよりも、多少自分の力にうぬぼれて生きていくほうが、その人にとっては充実した人生を実現できるとも言えるのです。

大切なことは、口先だけで終わらないことです。

「自分はすごい人間だ」と、自慢して回るだけでは何の意味もありません。

それを証明してみせるために実行してこそ、その「うぬぼれ」が大きなやる気に変化していくのです。

高杉晋作も、口先だけでは終わりませんでした。

奇兵隊《きへいたい》という集団をみずから組織し、自分が先頭に立って幕府軍と戦うという行為によって、まさに「偉大な人物」になることができたのです。

「うぬぼれ」は「実行」が伴うことが大切です。

怖れていては、「いい解決策」は何も見つからない

◆苦しい状況の中で前進する勇気を持つ。

小説家の有島武郎《ありしまたけお》（19〜20世紀）は、

「目的地は遠い。周りは暗い。しかし怖れてはならない。怖れずに勇気を持って行く者の前に、道は開ける」と述べています。

苦しい状況に陥ったとき、人はまさに、この言葉にあるように「目的地は遠い。周りは暗い」という心境になるものです。この苦しい状況から抜け出せるのは、ずっと遠い先のことであるように思えてきます。

また、何をどうすればこの苦しい状況から抜け出せるのかわからずに、お先真っ暗という気持ちにさせられるのです。

そのために「私はもうダメなのではないか」「自分の人生はこのまま終わってしま

うのではないか」といった不安や恐怖が押し寄せてきます。

しかし、そこで不安や恐怖を押し退けて、勇気を持って先へ進んでいくことが大切なのです。

勇気を持って前進してこそ、「道が開ける」のです。

前進すれば、苦しい状況を抜け出す解決策を見つけ出すことができるのです。

そして、「この状況をがんばって乗り越えていってみせる」というやる気もわき上がってくるのです。

不安や恐怖から、その場から一歩も動かずにいたら、苦境を抜け出す解決策は何一つ見つかりはしないのです。

そのままいつまでも苦しい状況が続いていくだけなのです。

もちろん、苦しい状況で一歩先へ前進するということは、とてもたいへんなことです。精神的に強いプレッシャーがかかります。

しかし、プレッシャーをはね返す勇気を持つことが大事なのです。

打ち倒されても、また起き上っていく勇気を持つ

◆人生「七転び八起き」で生きていく

フランスのことわざに、**「相手を打ち倒すものは強いが、打ち倒されても起き上ってくる勇気を持つ者はもっと強い」**というものがあります。

人生では、「コテンパンに打ちのめされる」ような経験をすることが何度かあると思います。

「ずっと好きだった相手にやっとの思いで告白したが、あっけなくフラれてしまった時」

「長年一生懸命になって貢献してきた会社から、いきなりリストラを言い渡された時」

そのような経験をした時は、当事者とすれば、「自分はもう立ち直ることができな

いのではないか」と感じるくらい精神的に大きなショックを受けることになります。

しかし、そこで生きる意欲を失うことなく、力をふりしぼって次の人生へ向かって起き上がっていける人が、本当の意味で「勇気を持つ者」なのです。

その人は、逆境を経験することなくのし上がっていく人よりも、ずっと「強い勇者」なのです。そういう意味を、このことわざは意味しているのです。

打ち倒されるような経験をした時、そこから起き上がってふたたび前進していくことは、とても勇気がいることです。

「また同じような辛い経験をすることになるのではないか」という不安感が働くからです。

好きな相手にフラれてしまった人は、「新しく好きな人が出てきて告白しても、またフラれて辛い思いをすることになるのではないか」という不安感が働きます。

会社をリストラされた人は、「再就職先で、その会社のために献身的に尽くしても、またそこでリストラされることになりはしないか」と不安に思います。

しかし、その不安を押し退けていく勇気が大切なのです。勇気さえあれば、必ず明るい未来が開けるはずです。

苦しい状況の中で、自分のやる気の本気度が試される

◆勇気がある人は「苦しいからこそ、がんばる」ことができる

日本のことわざに、**「疾風《しっぷう》に勁草《けいそう》を知る」**というものがあります。

「疾風」とは、「強い風」を意味します。

これは「苦しい状況に立たされること」を、たとえた言葉です。

「勁草」とは、「強い植物」の意味です。

これは、「本当の意味で勇気のある人間」を、植物にたとえた言葉です。

風がまったくない時、どの植物が強く、どの植物が弱いのか見分けはつきません。

それは、強い風が吹いた時にわかるのです。

弱い植物は、強い風に負けて倒れてしまいます。強い植物は、どんなに強い風が吹いても倒れることはないのです。

人間も同じです。

何事もない時は、誰が本当に勇気ある人なのか、勇気がない人なのかは見分けがつきません。

苦しい状況になった時に、それがわかるのです。

強い風が吹き荒れるような苦しい状況になった時、勇気のない人はすぐにヘナヘナと倒れ込んでしまいます。

しかし、勇気のある人は、どんなに苦しい状況に立たされようが、生きる意欲を失うことなく前進し続けるのです。

言い換えれば、苦しい状況であっても、なお「夢を実現したい」「思いを成し遂げたい」というやる気をふるい立たせて努力していける人間こそ、本当の意味で「勇気ある人」なのです。

苦しい状況に立たされるという経験は、ある意味、「自分のやる気の本気度が試されること」なのです。

やる気を実現するために必要なものは「勇気」である

◆「時間をかけたからいい」というものではないと知る

フランスの格言に、
「大きなことを成し遂げるのに必要なのは、長い年月ではない。勇気だ」というものがあります。

自信がない人は、時間をムダに使うことが多いようです。

キーパーソンになる人には、今すぐ電話を入れて、すぐに会いに行けばいいのに、「明日連絡を取ってみよう」と先延ばしします。

結局、電話をして、会う約束を取りつける自信がないのです。

相手から「あなたと会う必要はない」と断られるのが怖いのです。

「これはいいアイディアだ」と思いついたことは、すぐに企画書にまとめ、その日のうちに上司へ提出すればいいのに、それをしません。

「今日は上司の機嫌が悪そうだから、明日にしよう」と先延ばしするのです。

これも結局は、企画書を上司に却下されるのが怖いのです。

しかも、明日になったからといって、キーパーソンのもとへ電話を入れたり、企画書を上司に提出するとは限りません。

そこでまたもや「もう少し後で」となりやすいのです。

そうやって、ズルズルと時間をムダに使っていくのです。

時間だけがすぎていき、やる気になったことはいつまでも実現しません。

「やる気になったことを、すぐに実行する」ということには勇気がいるのです。

この格言で、必要なのは「長い年月」ではなく、「勇気」だと言っているのは、そういう意味です。

勇気のない人間は、時間をムダに使っていくうちに、やる気自体をなくしていきます。自発性を失って、結局は人から言われることをただやっているという生き方になってしまうのです。

「勝つ」勇気に意味がある、「負ける」勇気は意味がない

◆やる気になったことは「考えてから」すぐ行動に移す

フランス革命の英雄であり、後に皇帝の座に就いたナポレオン・ボナパルトは、**「勇気は『考えること』から生まれる」**と述べています。

やる気になったことを、すぐに実行に移すには「勇気」が必要です。

しかし、「すぐに」とは言っても、何も考えずに突っ走っていくことが「勇気」なのではありません。

ヤケになって行動を起こすことが「勇気」ではありません。

「どうすれば、うまくいくのか」

「どういう方法を取れば、勝算が高まるのか」

「やる気になったことを、もっとも効率的に実現する方策は何か」

といったことを考えて行動することが勇気なのです。

言い換えれば、自分の中で「こうすれば、うまくいく」という計算が成り立っていれば、それだけ果敢《かかん》に、大胆に「勇気ある行動」を取れるのです。

また、より意欲的な行動を取れるのです。

ナポレオンは軍人でした。

軍人にとって大切なのは、敵と戦う「勇気」です。

しかし、何も考えずに敵に戦いを挑《いど》むことが勇気なのではありません。

そんな真似をしたら、負けてしまいます。

「敵に勝つには、どうすればいいか」ということを十分に考えてから戦いを挑むことこそ、本当の意味での勇気だとナポレオンは考えたのです。

いわば、勝ってこそ、その勇気は意味を持つのです。

負けたのでは、その勇気は何の意味も持ちません。

これは、ビジネスや人間関係などでも参考になる考え方だと思います。

第8章
人のためになることをする

「自分のため」プラス「大切な人のため」で、やる気が増す

◆「人に喜ばれること」を考えて行動する

アルフレッド・アドラーは、**「人間はいつも『特定の人物』のことを考えて行動している」**という言葉を残しています。

人の「やる気」という感情についても同じことが言えます。

人がやる気になるのは、もちろん「自分に幸福のため」「自分の思いを実現するため」「自分らしい生き方をするため」という側面もあります。

しかし、同時に、「大切な人のため」「家族のため」「お客さんのため」「仕事の仲間のため」という側面もあるのです。

言い換えれば、「自分のため」だけを考えて行動しても、強いやる気は生まれてはきません。

それに加えて、「人のため」を思ってこそ、力強いやる気が生まれてくるのです。

これは、精力的に働き、自分の夢をどんどん叶えていく人に共通している法則です。

「自分の夢を叶える」といっても、その人たちは「自分のため」だけを思って生きているのではありません。

「こういう商品を作れば、もっとお客さんの役に立つんじゃないか」

「こんなサービスを提供すれば、もっとたくさんの人に喜んでもらえるだろう」

「私がこんな努力をすれば、多くの人たちが幸せになってくれるだろう」

といったように「人のため」を思う意識がとても強いのです。

そして、「人のためになることをしたい」という気持ちが、じつは、その人たちのやる気を支える大切な要素になっているのです。

「自分のため」だけを追い求めてはいけません。

それに加えて、「人のため」を思って行動することが重要です。

「自分のため」プラス「人のため」でやる気が出て、充実した人生が実現します。

「自分のため」と「人のため」は相反する生き方ではない

◆「人のため」になることで、「自分のため」の人生を実現する

インドの詩人にして思想家、ラビンドラナート・タゴールは、

「真に『自分のため』に生きたいと願う人は、むしろ喜んで『人のため』に犠牲になろうとするものだ」という言葉を残しています。

「自分のために生きる」ということと、「人のために生きる」ということに矛盾を感じる人もいるかもしれません。

「自分のために生きれば、人のために生きていくことはできない。人のために生きていけば、自分のために生きていくことはでない」と考える人もいるかもしれません。

しかし、そうではないのです。

「自分のために生きる」ということと、「人のために生きる」ということは、けっし

て矛盾することではないのです。

この二つのことを両立することは十分に可能なのです。むしろ、人間は、この二つのことを両立して生きていったほうがいい人生を送れます。

たとえば、今、自分がしている仕事を考えてみればいいと思います。

あらゆる仕事には共通して、二つの目的があります。

一つには「人のためになることをすること」です。商社のビジネスマンだろうが、技術者だろうが、消防士だろうが、みなこの目的は共通しています。

もう一つの目的は、その仕事を通して「自分自身が生きがい、充実感、幸福感を得ること」です。この目的も、あらゆる仕事に共通しています。

そして、ここが重要なポイントになるのですが、**より意欲的に人のためになるためにがんばって仕事をすることで、自分自身がより大きな生きがい、充実感、幸福感を得られるということです。**

ですからタゴールが言う通り、「自分のため」の人生を願う人は、喜んで、やる気満々で、「人のため」に犠牲になろうとするものなのです。

人に「共感」できる人が、人を喜ばせることができる

◆相手の立場に立って、相手のためになることをする

アドラー心理学に、**「共感」「信頼感」「貢献感」**という言葉があります。
それぞれ次のような意味があります。

- **共感……相手の気持ちによりそうこと。**
- **信頼感……相手を信頼すること。**
- **貢献感……人に貢献すること。**

この三つの要素は、一人の人間が意欲的に充実した人生を実現していく上で、とても重要な要素になってきます。

たとえば「共感」です。

人は「自分のため」だけに何かをしようと思っても、強いやる気を発揮できません。「人のため」を思う気持ちがあってこそ、やる気が出るのです。

ただし、単純に「人のため」と言っても、これが非常に難しいのです。

人間関係では、人のためにやったことが、相手からありがた迷惑に思われたり、余計なお世話に感じられることも少なくはありません。

そこで大切なポイントになるのが「共感」なのです。

アルフレッド・アドラーは、「共感」を、

「相手の目となって見て、開いての耳となって聞き、相手の心となって感じることだ」と説明しています。

つまり、「相手の立場になって考える」ということです。

相手の立場に立つと、「相手が今何を欲しているか」「何をすれば、相手は喜んでくれるか」がよくわかってきます。

相手が喜んでくれる顔を見ることができれば、やる気はさらに増してきます。

そのために大切なことが「共感」、つまり「相手の立場に立つ」ことなのです。

「信頼する相手」がたくさんいる人は、意欲的に生きていける

◆身の周りの人たちと信頼関係を築いていく

相手への信頼感があってこそ、人は「あの人の喜ぶことをしてあげたい」とやる気になることができます。

信頼感がない相手に対して、人はやる気になることはできません。

主婦が、「今日も夫のために、おいしい食事を作ってあげよう」と、やる気満々で料理できるのは、夫への信頼感があるからです。

信頼感を失っている夫に、「おいしいものを作ってあげよう」などとやる気になる主婦はいないでしょう。

社員が、「上司のために、がんばって仕事をしよう」とやる気になれるのは、上司への信頼感があってこそです。

「あの上司は自分の出世のために、部下を利用することしか頭にない」と信頼感を失っている上司のために、やる気を起こして働く社員などいないのです。

そういう意味では、家族や仕事の関係者、また友人など、自分の身の周りの人たちと信頼感で結ばれている人は幸せです。

その人は家事にも仕事にも何事に対しても意欲的で、充実した生活を送っているに違いないからです。

アドラー心理学にも、**「周りの人と信頼関係を結んでいくことが、有意義な人生を送ることにつながる」**という考え方があります。

周りの人と信頼関係がある人は、自分の周りに「あの人のために、こんなことをしたい」「あの人を喜ばせてあげたい」と思う人が数多くいるのです。

仕事において「あの人のために役立つことをしたい」と思う相手がいて、家庭において「夫や妻のためにがんばろう」という相手がいます。また、友人関係において、「あの人を喜ばせてあげたい」と思いう相手がいます。

そんな相手が数多くいる分、それだけたくさんの意欲に満ちあふれた生活ができるのです。

誠実正直に生きる人の周りに、誠実正直に生きる人が集まってくる

◆まずは自分自身が、人から信頼される人間になる

人を信頼するためには、もちろんその相手が誠実で正直な人物である必要があります。

自分のことしか考えないズルい人を信頼することなどできません。

しかし、「あの人は信頼できる。あの人は信頼できない」と、周りの人を分け隔《へだ》てて考えるよりも、もっと大切なことがあると思います。

まずは自分自身が、相手から信頼される人間になるということです。

そのために誠実で正直な生き方を心がけるということです。

そもそも、人から信頼されない人間が、周りの人と信頼関係を結んでいけるはずが

ないのです。

自分が信頼される人間であってこそ、相手と信頼関係を築いていけるのです。

「類は友を呼ぶ」という、ことわざもあります。

これは「自分の周りには自然と、自分と似通った生き方をしている人が集まってくる」という意味があります。

自分が誠実に正直に生きていれば、自然と自分の周りには誠実な人、正直な人が集まってくるのです。

そして、そこには数多くの信頼関係が生まれてきます。

信頼する者同士で、「あの人のために何かしたい」「あの人を喜ばせたい」という意欲と喜びに満ちあふれた生活環境ができあがっていくのです。

アドラー心理学には、また「すべては自分しだい」という教えがあります。

「あの人は誠実ではない」「この人は正直ではない」と相手を判断するよりも前に、自分自身が誠実に正直に生きることによって、周りの人たちとの信頼関係が深まっていきます。結局は「すべては自分しだい」というアドラー心理学に通じるものがあるのです。

「自分が幸せ」と同じくらい「人の幸せ」に意欲的に生きる

◆「自分の幸せだけを願って生きていくのは無意味だ」と気づく

イギリスの哲学者、バートランド・ラッセル（19～20世紀）は、次のような言葉を残しています。

「すべての人が幸福を望んでいる。しかし、相互依存が進んだ現代のような社会では、みずからの幸福を望んでも、それが他人の幸福を望む気持ちと一つにならなければ何の意味も持たない（意訳）」というのです。

原始時代は、人間がみずから食べ物を自分で確保したり、作ったり、その他生活に必要になるものもすべて自分で用意するという、自給自足の生活も可能でした。

しかし、現代は、原始時代のような自給自足の生活は困難です。

農家がなければ、都会で暮らす人は食べるものがありません。洋服を作ってくれる会社があり、それを販売する店がなければ、着るものすら手に入れることはできません。また、農家や洋服メーカーや小売店は、商品を買ってくれるお客さんがいなければ生活が成り立ちません。現代では、あらゆる意味で、相互依存が進んでいます。

このように現代社会は、非常に複雑に相互依存が進んだ社会なのです。

このような相互依存社会では、「自分だけの幸福を願っても、そんな幸福は実現できない」と、ラッセルは言っているのです。

農家や洋服メーカーや小売店は、お客さんが喜んでくれるのを願って、ものを生産し販売し、また、消費者は、ものを生産し販売してくれる人たちが豊かになることを願ってものを買う社会が理想的です。

このように**「みずからの幸福を望む気持ちと他人の幸福を望む気持ちが一つになる」**ことで、お互いにより良い生活が築かれていくのが現代社会です。

「自分が幸せになりたい」という意欲と、同じくらい「他人を幸せすること」に意欲的になることが、豊かな社会を作ります。

人のために貢献する気持ちが、多くの共感者を集める

◆自分が幸せになることだけに満足しない

仏教に、**「抜苦与楽《ばっくよらく》」**という言葉があります。

「人の心から苦しみを取り払い、楽しみを与える」という意味です。

仏教（特に大乗仏教）は、この「抜苦与楽」を実現するための方法を教える宗教です。

仏教の創始者であるブッダは、紀元前5世紀頃に、現在のインド大陸北方にあったシャカ国の王子として生まれました。

しかし、ブッダは二十九歳の時に、苦しみをなくすため、王子という地位を捨て出家します。

そして六年の修行を経て、心から完全に苦しみを取り除き、心を完全に平和と喜びで満たすことに成功しました。いわば、悟りを得たのです。

当初、ブッダは自分自身の幸せのために修行を行っていました。

しかし、悟りを得たブッダは、**「私が生きる目的は、自分だけが幸福になることではない。この世の人たちに幸福になる方法を教えて、たくさんの人たちを生きる苦しみから救ってあげることが、私の人生の目的だ」**ということに気づきます。

このブッダの志から「抜苦与楽」という言葉が生まれました。

そして、ブッダは教えを説きながら、北インドの各地を歩き回る旅に出るのです。

その後ブッダは亡くなるまで約四十五年近く布教の旅を続けました。その間にブッダの教えに共感する多くの人が、ブッダの周りに集まってきました。

そして、ブッダの教えは各地へ広まっていったのです。

ブッダがなぜこのような大事業を成し得たかと言えば、「人を苦しみから救ってあげたい。人を幸福にしてあげたい」という抜苦与楽の強い貢献の意識があったからです。その貢献の意識が、布教への旺盛な意欲につながっていたのです。

もしブッダが自分が幸福になることだけで満足していたら、仏教は現在のような形で世界的な宗教にはなっていなかったかもしれません。

たんなる虚栄心からは、強い意欲は生まれてこない

◆自分の仕事が「世の中の人々のためになる」と信じる

16世紀のフランスの文筆家に、モンテーニュという人物がいます。『エセー』という随筆集《ずいひつしゅう》を書き残し、その本がその後のヨーロッパの人文主義の源流になったと言われています。

「人文主義」とは、「人間の本質とは何か」を考えることを目的にする学問です。ところでモンテーニュは、初めから文筆家だったわけではありませんでした。もともとは裁判所に所属する裁判官だったのです。

裁判官という仕事のかたわら、『エセー』という書物を書き上げたのです。裁判官という仕事は多忙で、また苦労も多く、その仕事をしながら一冊の書物を書き進めるのはたいへんなことでした。

しかし、モンテーニュは根気強く『エセー』を書き続けました。三十代後半で最終的に仕上げ、本の形にして出版するために、とうとう裁判官の職を辞めてしまいます。

そこまでして『エセー』を世に出したいと思ったモンテーニュの意欲を支えていたものは、人への貢献だったのです。

モンテーニュ自身が、**「私は自分一人のために生まれてきたのではない。この世の中の人々のために生まれてきた」**と言っています。

モンテーニュは『エセー』を世に出すことが、「世の中の人々のために大いに役立つ」と信じていました。

そして、その「人々のため」という思いが、モンテーニュの強い意欲を支えていたのです。

モンテーニュがもし、たんなる自分の虚栄心のためだけに本を出したと願っていたとしたら、これほど強い意欲は生まれなかったかもしれません。

そして『エセー』という書物は世に出ることもなかったかもしれないのです。

お客さんの感謝の言葉をやりがいにしていく

◆自分の仕事に感謝している人がいることを忘れない

会社では、上からの命令で「やりたくない仕事」を任されることも少なくありません。もちろん当事者としては、やる気など起きないでしょう。

このようなケースでは、お客さんから言ってもらう「ありがとう」という感謝の言葉が、その人をやる気にさせる場合があります。

次のような話を聞いたことがあります。

今では一般に普及している宅配便が始まって間もなくの頃の話です。

ある運送会社が宅配便の業務を始めることになりました。そこで大型の運送トラックの運転手を大勢、宅配便用の小型トラックのドライバーへと配置転換しました。

しかし、当初、この配置転換に抵抗感を感じた大型運送トラックの運転手も多かったのです。というのも、トラック運転手たちには、「自分は大型トラックを運転している」ということをプライドにしている人が多かったからです。

ですから、彼らたちにとって、小型トラックへの配置転換は、自分のプライドを傷つけられるようで抵抗感があったのです。

しかし、宅配便の仕事を始めてからしばらくして、運転手たちは、宅配便の仕事にやる気を見せるようになりました。

荷物を届ける先でかけられた「ご苦労様」「ありがとう」「がんばってね」という感謝や労《ねぎら》いの言葉が、彼らのやる気を引き出したのです。**「ありがとう」という言葉をかけられることによって、彼らは「自分たちの仕事はお客さんから喜ばれている」と実感でき、それがやる気へとつながっていったのです。**

「こんなこと、やりたくない」と思えるような仕事であっても、自分がその仕事に従事していることに感謝してくれている人がたくさんいることを忘れないようにすることが大切です。

「自分は感謝されている」ということを自覚できれば、どんな仕事にもやる気をふるい立たせることは可能です。

共に成長していくライバル心を持つのがいい

◆「ライバルに勝つ」ことだけを目的化しない

いいライバルの存在は、自分自身をやる気にさせてくれます。

ライバルは、「あの人はがんばっているなあ。自分も負けてはいられない。張り切っていかなければいけない」という気持ちにさせてくれるのです。

ただし、必要以上の強いライバル心を持ちすぎると、それはかえって逆効果になりがちです。**ライバル心にも、いいものと、悪いものがある**のです。

いいライバル心には、競争相手がいながらも「お互いに切磋琢磨《せっさたくま》しながら、あの人も自分も共に成長していければいい」という気持ちがあります。

悪いライバル心には、そのような「共に成長していく」という意識はありません。

とにかく相手を打ちのめし、相手に勝つことだけが目的化しているのです。

そのようなライバル心がなぜ悪いのかと言えば、自分のことしか考えないからです。人生は勝ったり負けたりの繰り返しです。

とくにライバルは、自分と同じくらいの力量を持った相手なのです。ですから、勝つこともあるでしょうが、当然負けることもあるのです。

しかし、相手に勝つことだけが目的化している人にとっては、自分が負けるという状況を受け入れることができません。

そのために負けそうだとわかった時点で一気にやる気を失い、ライバル争いすることと自体を放棄《ほうき》したり、その場から逃げ出してしまうことも多いのです。

そうすることで「自分が負けた」という現実に直面することを避けるのです。

一方で、**「共に成長していく」という、いいライバル心を持つ人は、自分が負けそうになったとしても、そこでやる気を失いはしません。**

自分の負けは素直に受け入れます。そして、上手に気持ちを入れ替えて、「次こそは、自分は負けない」と出直すことができます。

第9章
何があっても楽観的でいる

うまくいかない時に大切なことは、気持ちを楽にすること

◆「明けない夜はない」と、楽観的に考える

「明けない夜はない」と言います。

人生には、何をやってもうまくいく時があります。

一方で、何をやってもうまくいかないという時もあります。

人生は、この「うまくいく時」と「うまくいかない時」の繰り返しなのです。

それはちょうど、太陽が沈めば夜となり、夜が明ければ朝となり、また夜となり朝が来る、という自然の運行と同じなのです。

「うまくいかない時」には、その人の心は夜のように真っ暗闇になります。

しかし、やがて明るい希望に満ちた朝がやって来るのです。

ですから「うまくいかない時」であっても、けっして希望を失ってはいけないとい

うことを、この「明けない夜はない」という言葉は示しているのです。

しかし、人によっては、「何をやってもうまくいかない状態が永遠に続く。私の人生には、明るい希望に満ちた朝などやって来ない」という考え方に陥ってしまう場合もあります。そして、悲観的な気持ちになり、生きる意欲を失っていくのです。

このような考え方に陥ることを、心理学では**「過度《かど》の一般化」**と呼んでいます。その一「何をやってもうまくいかない」という時は、人生の一時期にすぎません。その一時期にすぎないことを、「いつもうまくいかない」「永遠にうまくいかない」と考えてしまうことが「過度の一般化」です。

この「過度の一般化」を逃れる方法の一つは、**「気持ちを楽にする」**ことです。

現在の悩みや未来のことをあれこれ考えずに、気持ちを楽にして、**今やるべきことを無心になってたんたんと進めていけばいい**のです。

そうすれば、夜が明けて朝がやってくるように、自然に「何をやってもうまくいかない時」から抜け出て「うまくいく時」がやって来ます。

苦境に陥った時こそ、楽観的に物事を考えてみる

◆「もうおしまい」ではなく「なんとかなる」と信じる

アドラーの大切な教えの一つに、**「楽観的になる」**ということが挙げられます。

そのたとえ話として、アドラー心理学でよく取り上げられるのが『二匹のカエル』という話です。ここで紹介しておきます。

二匹のカエルが、ミルクがたくさん入った壺《つぼ》の縁《ふち》の上で飛びはねて遊んでいました。

しかし、誤って二匹のカエルとも、ミルクが入った壺の中へ落ちてしまいました。

一匹のカエルは、「もうおしまいだ。自分はミルクに溺《おぼ》れて死ぬしかない」と、悲観的な気持ちになりました。

生きる意欲を失って、命が尽きることを覚悟したのです。

しかし、もう一匹のカエルは、悲観的にはなりませんでした。「どうにか脱出できるんじゃないか」と楽観的に考え、壺の中で飛びはねました。すると、後ろ足が底につき、ピョンと飛びはね、壺の底に出ることができたのです。じつは、ミルクの部分は浅かったのです。

ミルクのすぐ下は固形のバターになっていて、その固形のバターを足で蹴れば飛びはねることができたのです。

このアドラーのたとえ話は、**「どのような苦境に陥っても、『なんとかなるはずだ』と楽観的な気持ちを持ち、やるべきことをやっていれば必ず解決策が見つかる」**ということを教えています。

自分自身が悲観的な気持ちになって意欲を失ったら、本当にそこで終わりになるのです。

楽観的に考えることが、自分自身を救う手段になるのです。

叱られるのは「期待されているから」と考えるのがいい

◆「最悪のことなど起こらない」と考える

物事がうまくいかない時に、人はつい「さらに悪いことが起こるのではないか」という思いになりがちです。

たとえば、仕事がうまくいっている時、上司から叱られてもそれほど気にはなりません。しかし、仕事がうまくいっていない時に、上司から叱られると気になってしょうがありません。

「僕は上司から嫌われているんじゃないか。僕は上司から必要とされていないじゃないか」と思えてくるようになります。

さらには、「もしかしたら、他部署へ異動になってしまうかもしれない。いや、追い出し部屋にやられて、その後は退職勧告されることになるかもしれない」とさえ思え始めます。

そして、「思い悩むストレスから、自分はガンになるかもしれない。自分の命はもう長くない」というところまでエスカレートしていきます。

このようにして、仕事へのやる気、生きる意欲を低下させていくのです。

心理学では、現実的には起こり得ないような最悪のケースばかり想像する、このような心理傾向を**「破局視《はきょくし》」**と言っています。

物事がうまくいっていない時、心身共に疲れきっている時、自分の周辺で不運な出来事ばかりが続いているような時には、人はこの「破局視」という心理傾向にはまりやすくなると言われています。

このような「破局視」にはまらないために大切なことは、**「うまくいっていない時ほど、楽観的に考える」**ということを心がけることです。

仕事がうまくいっていない時に上司から叱られても、「嫌われている」「必要とされていない」と考えるのではなく、「上司は僕に期待しているから、叱ってくれるんだ」と楽観的に考えることが大切です。

そうすれば、「期待に応えられるように、がんばろう」とやる気も出てきます。

楽観的になるコツは「理性的に考える」ことにある

◆感情に惑わされるから、悲観的になっていく

人には、「なんとなく悪いことが起こりそうな予感がする」という感情にとらわれる時があります。

特別、「悪いことが起こる」という根拠はないのです。仕事もまあまあ順調であり、金銭的に困った状態にあるわけではありません。

それにもかかわらず、「何となくイヤな感じがする」といった思いが心から去らないのです。

これは**「心の風邪《かぜ》」**のようなものです。

何か楽しいことをして気分転換したり、ゆっくりと休養を取ったり、あるいは旅行に出かけるなど、早いうちに対処しておけば、その「悪い予感」はすぐに消え去りま

す。

そして、また意欲的に物事に打ち込んでいけるようになります。

しかし、何の対処もしないと、「悪い予感」はますますエスカレートしていきます。そして、「悪いことが起こりそうな予感がする」という感情は、「悪いことが起きるに違いない」という確信にまで発展していくケースもあります。

このような傾向を、心理学では、**「感情的理由づけ」**と言います。

いわば何の根拠もない、ただの思いつきの感情に自分自身がみずから惑わされて、不安に思ったり、落ち込んだり、やる気をなくしていく状態を言います。

こういう心理状況に陥った時には、「理性を取り戻す」ことが大切です。

理性的に考えれば、自分の将来には何の不安もないと安心感を得られます。「悪いことなど起こらない」と楽観的な気持ちになれるのです。

理性的に物事を考える方法の一つは、**「なぜ悪いことが起こるのか」ということをノートに書き出してみる**ということです。

「書く」という行為によって理性的になり、自分はたんに感情に振り回されていたにすぎないことがわかってきます。

「だから思考」を「であっても思考」に切り替える

◆ひとつ飛びに否定的な結論を導き出さない

「英語ができないから、僕はビジネスマンとして成功できない」

「美人じゃないから、私は女性として幸せになれない」

「臆病《おくびょう》な性格だから、自分はたいした人間になれない」

といったような思考パターンにはまって、生きる意欲を失っていくタイプの人たちがいます。

現実的には、英語ができない人でも、ビジネスマンとしてバリバリ活躍している人は大勢います。

美人ではなくても、幸せに暮らしている女性もたくさんいます。

臆病な性格であっても、大きなことを成し遂げて注目されている人もたくさんいるのです。

マイナス思考の人は、そのような現実を見ず、これといった根拠もなく、「成功できない」「幸せになれない」という、まったく的外れな、否定的な結論を簡単に出してしまうのです。このような傾向を、心理学では**「結論の飛躍《ひやく》」**と言っています。

自分の不得意なもの、劣等感、短所といったものから、ひとっ飛びに「成功できない」「幸せになれない」という結論へ考えが飛躍してしまうのです。

こういうタイプの人たちに大切なのは、「だから思考」をやめて、「であっても思考」に思考パターンを変えることです。

「英語ができない人間であっても、技術力で世界を相手に仕事はできる」

「美人ではなくても、誠実に生きていけば幸せになれる」

「臆病であっても、着実に成果を積み重ねていけば大きな実りを得られる」

このように「であっても思考」を心がけることで、否定的な結論へ飛躍することがなくなります。

また、より前向きに、やる気満々で生きていけるようになるのです。

人からほめられることが、さらなるやる気を導き出す

◆ほめられた時には、素直に喜ぶ

誰かに、「あなたはすばらしい経験を持っている。大きな功績も残してきた。その経験や功績を土台にして、さらに大きなことを成し遂げられる能力が、あなたにはあります」と、ほめられたとします。

このようなケースで、「いえいえ、私はそんなたいした人間ではありませんから」と謙遜《けんそん》する人もいます。

謙遜しているのであればいいのです。しかし、中には、本当に心から「自分は大した人間ではない」と思い込んでいるタイプの人がいます。

実際に人がほめてくれるような「すばらしい経験を持っている」のです。にもかかわらず、「自分には人並みの経験しかない」と思い込んでしまい、現実に「大きな功

績も残してきた」のに、「たいしたことをしてきたわけじゃない」と思い込みます。

「大きな能力がある」のに、「そろそろ限界だ」と思い込んでしまうのです。

このように自分の経験、功績、能力といったものに対して何かと否定的な考えを持つ傾向を、心理学では**「肯定的側面の否定」**、あるいは**「肯定的側面の割引き」**と呼んでいます。

このタイプの人の、もったいない点は、人のほめ言葉をやる気へと転換できない点にあります。

人は普通、誰かにほめられれば、やる気をいっそう燃え上がらせるものです。

「いえいえ、そんな」と謙遜しながらも、心の中では「期待に応えられるよう、もっとがんばろう」と、さらにやる気をかき立てられるのです。

しかし、この「肯定的側面の否定」という心理傾向が強い人は、いくらほめられてもやる気をかき立てられることはありません。

人からほめられた時は、素直に喜ぶようにするほうが賢明です。

「ほめられる喜び」が、新たなやる気を導き出してくれるからです。

「～ねばならない」「～べき」で、クタクタに疲れきっていく

◆楽な気持ちで生きていくほうが、前向きな意欲が持続する

心理学の言葉に、**「命令的思考」**というものがあります。

「～ねばならない思考」「～べき思考」とも言います。

「子供の前ではいい母親、夫の前ではいい妻、仕事場では有能なキャリアウーマンでなければならない」

「男として勇気があり、頼りがいのある、周りの人間たちを引っ張っていくリーダーシップがある存在であるべきだ」

といったように「～ねばならない」「～べき」という様々な命令をみずからに発して、自分自身をがんじがらめにしていくのです。

ある意味、この「命令的思考」が強いタイプの人は、それだけ仕事や人生というも

のに対して意欲的な姿勢があると言えます。

しかし、悲しいことに、途中でどこかでそんな意欲を失ってしまう場合も多いのです。というのも、「〜ねばならない」「〜べき」という命令的思考によって自分をがんじがらめにして生きることは、とてもストレスが溜まる生き方だからです。

そのために、どこかで疲れきってしまって、やる気を失うことになりやすいのです。せっかくの意欲がガソリン切れのような状態になるのです。

仕事や人生に対して持続的に意欲を持って生きていくためには、もう少し気持ちを楽に持つことが大切です。


「いい母親でありたいけれど、時々失敗をする母親であってもいい」

「勇気にあふれた男になりたいが、時に情けないことをする男であってもしょうがない」


といった程度に、完璧を目指さず、「まあまあでいい」と楽観的な気持ちで生きていくほうが、じつは仕事や人生への前向きな意欲が長続きしていきます。

やる気を失った他人に、自分のやる気まで奪われることはない

◆「自分は自分、人は人」と割り切って考える

職場の同僚が仕事に対してやる気を失っているとします。

そんな同僚の姿を見て、自分自身までやる気を失ってしまう人がいます。

自分自身の怠け心から、そうなるのではありません。

むしろ、このタイプの人は真面目な性格で、責任感が強く、人を思う気持ちがあるのです。

ですから、身近にやる気を失っている人がいると、つい「自分が原因で、この人はやる気を失っているのではないか。私の仕事のやり方が悪いために、この人の仕事のジャマになっているのだろうか？　それとも自分の気配りが足りなかったために、この人は精神的に追い込まれてしまっているのか？」と、あれこれ思い悩んで、結局は

その人自身も仕事へのやる気を失っていくのです。

このように他人のネガティブな態度を見て、それを「自分のせいだ」と思い込む傾向を、心理学では**「自己関連付け」**と呼んでいます。

現実的には、同僚がやる気を失っているのは、まったく「自分のせい」ではないのです。それは同僚自身に問題があることなのです。しかし、それを「自分のせい」と思い込んでしまうのです。

このタイプの人にとって大切なことは、もう少し**「自分は自分、人は人」**と割り切って考える習慣を持つことです。

もちろん、一緒に働く同僚へやさしい気持ちや心配りを持つことは大切なことです。

しかし、同僚がやる気を失っていることに、自分が責任を感じる必要はないのです。

「自分は自分、人は人」と割り切ることで、同僚の態度にかかわりなく、自分は自分の仕事をたんたんと進めていくことができます。

やる気を失った同僚に、自分のやる気まで奪われることはありません。

部分的なことばかりに気を取られるから、やる気がなくなっていく

◆全体像を見渡すように心がける

ある女性は、大手の百貨店で接客を担当しています。

彼女の接客態度はとてもよく、また日頃からよく勉強して豊富な商品知識を持っていることから、お客さんたちから好評を得ています。

また、職場の上司からも期待されています。

しかし、ある日、彼女は一人のお客さんから、「あなたのような態度が悪い店員は会ったことがない。失礼にもほどがある」と、散々文句を言われてしまいました。

彼女はひどく落ち込みました。

そして、その経験がトラウマとなって、その後仕事への意欲を失っていきました。

上司から、「君はたくさんのお客さんに喜ばれている。たった一人のお客さんから

文句を言われたことだけを気にすることはない。あのお客さんは、たまたま機嫌が悪かっただけだろう」と慰められても、彼女はなかなか立ち直ることができなかったのです。

このように「たくさんのお客さんに喜ばれている」という全体像を見ずに、「たった一人のお客さんから文句を言われた」という限定的な事実にのみ意識をとらわれてしまう傾向を、心理学では**「トンネル視」**と言っています。

トンネルの中からは出口の光景しか見えません。トンネルの周囲全体の光景は見えません。そのように、物事のごく限られた一部分しか見えなくなった心理状態を言います。

このような心理状態になった時に大切なのは、**とにかくトンネルを出て、物事の全体像を見渡す**ことです。

そのためには、**「自分の接客に喜んでくれた数多くのお客さんたちの笑顔、感謝の言葉、また満足そうな表情などを具体的に思い出してみる」**という方法があります。

そうすれば、上司の励ましの言葉も素直に理解できるようになります。

そして、ふたたびやる気を取り戻すことができるのです。

狭い考え方しかできない自分の殻《から》に閉じこもらない

◆視野を広くし、幅の広い考え方で「全体」を見る

アドラー心理学に「**全体論**」という考え方があります。

これは、**偏った考え方をすることなく、また物事の一部分にだけ意識をとられるのではなく、もっと大きな視野から全体を見てものを考えていくことが大事だ**ということです。

また、**感情的に何かを判断するのではなく、理性的な判断も加えて考えていくことが大切だ**という意味です。

つまり、自分の考えだけに凝り固まるのではなく、広い心で他人の意見にも耳を傾けて考えていくことが重要だということです。

言い換えれば、「やる気を失いやすい人」には、この「全体的に物事を見てものを

考える」ということができないのです。

このタイプの人は、プラスの面もあるのに、マイナス面ばかりに意識を向けようとします。全体的にはうまくいっているのに、たった一回の失敗にクヨクヨ悩み続けます。

感情に惑わされ、わけもなく悲観的な気持ちになっていきます。理性的な判断をすれば、悲観することなどないのにです。

また、自分の狭い考え方にこだわって、悪いほう悪いほうへと考えていきます。自分を励ましたり慰めてくれる他人の言葉を真剣に聞き入れようとはしません。

そのために「どんなにがんばっても、自分は報われない。成功もできないし、幸福にもなれない」と、自分で勝手に決めつけて生きていく意欲を失っていくのです。

とくに、この「やる気を失いやすい」という人にとって大切なことは、**もっと広い視野を持つ**ことです。**大らかな心でものを考える**ことです。

幅の広い判断力を持つことです。

このアドラー心理学の「全体論」という考え方を身につけていけば、今よりももっと意欲的に物事に取り組んでいけるようになります。

植西 聰（うえにし・あきら）

心理カウンセラー
東京都出身。

学習院高等科、同大学卒業後、資生堂に勤務。

独立後、「心理学」「東洋思想」「ニューソート哲学」などに基づいた人生論の研究に従事。

一九八六年（昭和六十一年）、体系化した『成心学』理論を確立し、人々を元気づける著述活動を開始。

一九九五年（平成七年）、「産業カウンセラー」（労働大臣認定）を取得。

〈近著〉
・マーフィー　人に好かれる魔法の言葉（KADOKAWA）
・すぐ傷ついてしまう自分を強くする方法（廣済堂出版）
・嫌われたかも⁉と心配にならない話し方のルール（クロスメディア・パブリッシング）
・運のいい人は知っている「宇宙銀行」の使い方（サンマーク出版）
・人生からへこんでる時間が減る習慣（青春出版社）
・平常心のコツ（自由国民社）

やる気《き》のコツ
アドラーが教える9つの勇気

二〇一五年（平成二十七年）二月二十三日　初版第一刷発行
二〇一五年（平成二十七年）三月二十五日　初版第四刷発行

著　者　植西 聰
発行者　伊藤 滋
発行所　株式会社自由国民社
東京都豊島区高田三―一〇―一一
〒一七一―〇〇三三　http://www.jiyu.co.jp/
振替〇〇一〇〇―六―一八九〇〇九
電話〇三―六二三三―〇七八一（代表）
造　本　JK
印刷所　新灯印刷株式会社
製本所　新風製本株式会社